Katja Wündrich & Seonaidh Adams

Whisky Trails

WHISKY TRAILS
Katja Wündrich
Seonaidh Adams
SCOTLAND
Ein Reisehandbuch für Schottland

DRYAS

6. überarbeitete Auflage 2017

Herausgeber: Dryas Verlag, Frankfurt am Main

Karten: Ralf Bitter, Hamburg
Innenseitengestaltung: Guter Punkt, München
Projektmanagement: Stephan Ditschke, Hamburg
Bilder: © Katja Wündrich & Seonaidh Adams, © Kingsbarns Distillery (S. 14, 23, 38) © Annandale Distillery (S. 69), © Ardnamurchan Distillery (S. 124), © Strathearn Distillery (S. 125), © Harris Distillery (S. 182), © thinkstock (S. 57, 78, 80, 120, 121, 123, 127, 130, 145, 155, 157, 174, 182, 186, 188, 189, 193, 204), © shutterstock (S. 129, 172, 197, 198, 201, 203, 205, 207) und © istockphoto (S. 200)
Umschlaggestaltung: Guter Punkt, München unter Verwendung von Motiven von shutterstock
Druck: CPI books GmbH, Ulm

Bibliografische Information der Deutschen Bibliothek: Die Deutsche Bibliothek verzeichnet diese Publikation in der Deutschen Nationalbibliografie, detaillierte bibliografische Daten sind im Internet über http://dnb.ddb.de abrufbar

ISBN: 978-3-940258-73-1
www.dryas.de

INHALT

Ein paar Worte vorweg 7

Whisky – ein Land, ein Lebensgefühl, eine Industrie 12

Edinburgh & Southeast Lowlands 31

Interview: Mark Davidson (Cadenhead's) 48

Glasgow, Arran & Southwest Lowlands 59

Islay, Jura & Kintyre 81

Central Highlands & Innere Hebriden 107

East Highlands & Speyside 133

Northern Highlands, Orkney & Äußere Hebriden 165

Whisky im schottischen Alltag 185

Whiskyrezepte 197

Glossar 209

Über die Autoren 216

ATLANTISCHER OZEAN
Orkney-Inseln
Mainland
Hoy
Pentland Firth
Äußere Hebriden
Lewis
Harris
North Minch
North Uist
South Uist
Little Minch
Barra
Skye
Northern Highlands, Orkney & Äußere Hebriden
NORD-SEE
Moray Firth
Inverness
East Highlands & Speyside
Aberdeen
Innere Hebriden
Rum
SCHOTTLAND
Coll
Tiree
Mull
Central Highlands & Innere Hebriden
Dundee
Colonsay
Jura
Firth of Forth
Edinburgh
Islay, Jura & Kintyre
Glasgow
Islay
Kintyre
Arran
Edinburgh & Southeast Lowlands
Glasgow, Arran & Southwest Lowlands
North Channel
NORDIRLAND
Luce Bay
Solway Firth
ENGLAND
Isle Of Man
0 km
100
IRLAND

Nie werden wir unseren ersten neunjährigen Ardbeg direkt aus dem Fass vergessen – nicht nur unser Gaumen fing Feuer, auch die Begeisterung für Whisky wurde entfacht. Unser Enthusiasmus für das schottische Nationalgetränk hat schließlich dazu geführt, Whiskyreisen zu organisieren und die Agentur Wind & Cloud Travel zu gründen. Hier konnten Beruf und Leidenschaft verschmelzen. Und daran, an unserer Begeisterung für Whisky und für seine schottische Heimat, möchten wir Sie mit diesem Buch teilhaben lassen.

»Whisky Trails« ist ein Reisehandbuch und als solches haben wir es zusammengestellt: Wir möchten Ihnen das Reisen erleichtern und Ihnen bei Ihrer Entdeckungstour in die Welt der Whiskydestillerien eine nützliche Hilfe sein. Die Einteilung der Regionen deckt sich deshalb nicht mit der traditionellen Klassifizierung der Whiskyregionen, die gemeinhin in Lowlands, Highlands, Speyside, Campbeltown, Islay und die Islands unterteilt werden. Stattdessen wurden die Regionen dieses Buches im Hinblick auf ihre geografische Erreichbarkeit ausgewählt. Es geht deshalb auch nicht darum, die herkömmlichen Regionen und

Gruinard Bay

ihre Whiskys neu zu klassifizieren, sondern darum, Ihnen, liebe Leser, das Reisen leichter zu machen.

Ein gutes Beispiel dafür sind die Inseln Arran und Orkney, die in der herkömmlichen Einteilung den Insel-Whiskys zugeordnet werden. In einem Reisebuch jedoch gehören die beiden Inseln nicht zusammen, da eine Fahrt von Arran nach Orkney einer kleinen Weltreise gleichkäme. Arran und Glasgow dagegen liegen geografisch nah beieinander – und die Whiskys sind auch vom Geschmack recht ähnlich. Tatsächlich ist es so, dass für moderne Whiskyenthusiasten die traditionelle Einteilung ohnehin eine immer weniger bedeutsame Rolle spielt. In einer Zeit, wo die Whiskyindustrie erfolgsverwöhnt und selbstbewusst mit Fässern, Finishing und Phenolgehalt experimentiert und unabhängige Abfüller aufregende Spielarten auf den Markt bringen, wird die traditionelle Einteilung immer fragwürdiger.

In Schottland produzieren im Moment knapp über 100 aktive Brennereien, von denen eine Vielzahl Besucherzentren unterhält und Führungen anbietet. Viele Destillerien sind aber auch einfach nur arbeitende Fabriken, die auf ein touristisches Interesse nicht eingestellt sind, auf Anfrage für größere Gruppen aber manchmal eine Ausnahme machen. In diesem Buch haben wir nur die Brennereien aufgelistet, die auch besucht werden können.

Bitte beachten Sie, dass die Angaben zu den Brennereien 2016 recherchiert wurden. Preise, und Führungszeiten können sich mitunter jährlich ändern. Rufen Sie daher die Destillerien im Zweifelsfall vorher an und lassen Sie sich die Informationen bestätigen. Die Besucherzentren sind zumeist von 10–17 Uhr geöffnet, weshalb wir die Öffnungszeiten nicht gesondert aufgeführt, sondern uns auf die Zeiten der Brennereiführungen beschränkt haben.

Neben einer allgemeinen Einführung und der Darstellung der einzelnen Destillerien bietet jedes Regionenkapitel außerdem Empfehlungen zu Unterkünften und Restaurants sowie Whiskyfestivals und -shops. Die Brennereien wurden mit Wertungskategorien versehen, die Ihnen einen schnellen Überblick ermöglichen. Beachten Sie außerdem, dass in einigen Brennereien überaus großzügig verkostet wird. Sollten Sie mit dem PKW unter-

wegs sein und sich zu einem ausschweifenden Tasting hinreißen lassen – und das passiert leichter als man denkt: Organisieren Sie bitte Ihre sichere Weiterreise. Die Grenze des Erlaubten liegt in Schottland bei 0,5 Promille (22 mg Alkohol in 100 ml Atem bzw. 50 mg Alkohol in 100 ml Blut).

Wir wünschen Ihnen eine eindrucksvolle Reise und eine genussreiche Zeit in den schottischen Brennereien!

Katja Wündrich & Seonaidh Adams

BEWERTUNGSSYSTEM FÜR DIE BRENNEREIEN

- Großzügige Verkostung (mehr als das obligatorische Dram)
- Familiäres, persönliches Ambiente
- Interessante Führung
- Warehouse-Besichtigung
- Fassabfüllung möglich
- Verkauf von Speisen und Getränken (Café oder Restaurant)
- Preis-Leistungs-Verhältnis

DIE TRADITIONELLE EINTEILUNG DER WHISKYREGIONEN

In der Fachliteratur werden die einzelnen Brennereien und ihre Whiskys Regionen zugeordnet, denen man eine gemeinsame geschmackliche Charakteristik nachsagt:

Lowlands: Flachland-Brennereien im Süden des Landes, wo leichte, fruchtig-aromatische, ungetorfte Whiskys traditionell dreifach destilliert wurden.

Highlands: das geografisch riesige Gebiet der Hochland-Brennereien, wo komplexe, volle, kräftige Whiskys gebrannt wurden, das Schwarzbrennen und der Schmuggel florierte.

Speyside: Brennereien entlang des Flusses Spey. Die Speyside zählt zum Kernland der schottischen Whiskyproduktion und bringt feine, runde, wenig bis kaum getorfte Whiskys hervor.

Campbeltown: historische Whiskyregion, da in der Stadt Campbeltown früher über 30 Brennereien produzierten, heute jedoch nur noch drei.

Islay: die kleine Hebrideninsel, wo die Klassiker der stark torfigen, rauchigen Whiskys produziert werden.

Islands: Whiskys mit kräftigem, maritimem, z.T. rauchigem und oft recht unterschiedlichem Charakter.

WHISKY – EIN LAND, EIN LEBENSGEFÜHL, EINE INDUSTRIE

Nach Schottland zu reisen, bedeutet nicht nur, mit der Urgewalt des Wassers – Seen, Flüssen und Meeren – in Berührung zu kommen, sondern unweigerlich auch mit dem »Wasser des Lebens«, das die Gälen *uisge-beatha* und die Angelsachsen *Whisky* nennen. Neben berühmten Erfindungen wie dem Telefon, dem Fernsehen, Penicillin und pneumatischen Reifen ist die beliebteste Erfindung der Schotten zweifellos der Whisky. Das schottische Nationalgetränk wird auf der ganzen Welt konsumiert. In Schottland selbst kann man die zum Teil idyllisch gelegenen Brennereien und den Status, der ihren Produkten zugesprochen wird, gar nicht ausblenden. Schon von Weitem fallen die markanten Pagodendächer ins

Loch Tummel

Auge, unter denen früher die Gerste gemälzt und im beißenden Rauch der Torffeuer getrocknet wurde. Einige der Brennereien, wie die auf der Whiskyinsel Islay, liegen langgestreckt an träumerischen Atlantikbuchten, wo die Gischt an den Außenmauern hochspritzt, die Möwen kreischen und die Luft nach Salz und Freiheit schmeckt. Andere wieder nisten wie die Moorhühner in den Fleckenteppichen der Heide. Wieder andere schmiegen sich in den Tälern an die kargen, vegetationsarmen Hänge der Berge. Aber bei ganz bestimmt jeder Brennerei fließt Wasser. Mal braun und trüb über Torfmoore, mal kristallklar über Granitgestein, doch immer im Überfluss. Denn Wasser muss als die wichtigste Zutat der Whiskyherstellung überhaupt in großen Mengen verfügbar und geschmacklich konstant sein. Anders als beim Bier wird das Wasser für die Whiskyherstellung nicht verändert, es werden keine Salze hinzu- oder weggenommen. Das Wasser trägt so einen

Kingsbarns Distillery

Großteil zum Geschmack der Whiskys bei, ebenso wie das mal mehr, mal weniger getorfte Malz, die Form der Brennblasen und die Eichenfässer, in denen der Whisky in riesigen dunklen und feuchten Lagerhäusern reift.

Schottlands flüssiges Gold

Seit Jahrhunderten schon spielt Whisky eine bedeutsame Rolle für die schottische Ökonomie. Im 18. Jahrhundert war das »Lebenswasser« ein vitaler Bestandteil ländlichen Wirtschaftens. In einer Zeit, wo die schottische Landbevölkerung zu einer der ärmsten in Europa gehörte, akzeptierten die Großgrundbesitzer von ihren Pächtern Whisky als eine Form der Mietzahlung. Heute spielen die Schotten auf dem globalen Weltmarkt mit. In den letzten 30 Jahren ist Whisky nicht nur zum trendigen Phänomen avanciert, sondern zu einem ernstzunehmenden Business. Millionen Flaschen werden weltweit jährlich konsumiert, die aneinandergereiht ohne weiteres eine bernsteinfarbene Kette von Edinburgh nach New York und zurück bilden würden. Whisky generiert jedes Jahr fast 3,5 Milliarden Pfund für die britische Wirtschaft, die Whiskyproduktion zählt zu den fünf größten Exportindustrien Großbritanniens und könnte eines der wichtigsten finanziellen Standbeine eines zukünftig unabhängigen Schottlands sein. Und damit nicht genug. Die Vorhersagen prognostizieren anhaltendes Wachstum und bejubeln die Erschließung immer neuer Märkte. Neben den USA hat Brasilien einen unglaublichen Durst auf Whisky entwickelt und importiert eine Menge äquivalent zu zehn Millionen Litern puren Alkohols pro Jahr. Zusammen mit Frankreich und Singapur rangiert Indien auf den ersten Plätzen whiskyliebender Nationen. Hier hoffen die Schotten momentan, dass die gegenwärtigen Verhandlungen der EU mit Indien zu fruchtbaren Ergebnissen führen, um den 150-prozentigen Tarif auf importierten Whisky in Indien zu reduzieren.

Die ökonomische Erfolgsgeschichte des Whiskys spiegelt sich in großangelegten Investitionen wider, die darauf ausgelegt sind, die Produktionskapazität der Brennereien zu erhöhen. Nicht nur werden bestehende Brennereien erweitert und ausgebaut, auch neue Destillerien, Abfüllbetriebe und Küfereien entstehen. Erst kürzlich hat Diageo, einer der weltweit größten Spirituosenkonzerne, für 40 Mio. GPB seine futuristische Destillerie Roseisle im Speyside-Gebiet eröffnet, eine der größten Brennereien, die in Schottland seit vielen Jahren gebaut wurde. Auch kleinere Unternehmen entstehen, etwa auf den Inseln Barra und Harris, in Fife und abgelegenen Regionen wie Ardnamurchan. Gerade für diese abgelegenen, ökonomisch und geografisch benachteiligten ländlichen Regionen, wo Arbeitsstellen ein permanentes Problem darstellen, sind diese neuen kleinen Brennereien von großem Wert.

Faszination eines Kultgetränks

Bemerkenswerter noch als alle Geschäftszahlen und Statistiken ist die Faszination von Whiskyenthusiasten, die Whisky sammeln und ersteigern, über Whisky fachsimpeln, sich liebevoll in Internet-Foren und Blogs engagieren, die Brennereien besuchen und zum Teil bereit sind, viel Geld für ihre Leidenschaft zu zahlen. Woher kommt diese Faszination?

Nun, Whisky ist zweifellos ein raffiniertes, anspruchsvolles und komplexes Getränk, ganz ähnlich wie Wein. Ein Getränk, dass seine Herkunft reflektiert, Geschichten zu erzählen hat und immer feinsinniger, faszinierender wird, je mehr man darüber weiß und sich damit beschäftigt. Und je mehr man verkostet hat. Dabei sind die Zutaten so einfach und unprätentiös wie in den ersten Tagen, als man den Quaich, einen traditionellen schottischen Kelch, an seinen Nachbarn weiterreichte. Damals wie heute wird Whisky aus Gerste, Hefe und Wasser produziert, und auch an der Herstellungsweise hat sich vergleichsweise wenig geändert.

In spezialisierten Großbetrieben wird die Gerste in Wasser eingeweicht und bei ca. 15 Grad zum Keimen gebracht. Dadurch bilden sich Enzyme, die die Verzuckerung der Stärke beim Maischen ermöglichen. Die Keimung wird nach fünf bis acht Tagen durch schonendes Trocknen (Darren) beendet und das fertige Malz an die Brennereien geliefert. Dort wird die Gerste zu Schrot zerkleinert und in einem Maischebottich mit warmem Wasser vermischt. Die dabei entstehende

zuckerhaltige Maische oder Würze wird anschließend in Gärbehältern mit Destillierhefe versetzt und für mehrere Tage zu einer bierähnlichen Flüssigkeit vergoren, die etwa fünf bis zehn Prozent Alkohol enthält. In Kupferbrennblasen wird sie mehrfach destilliert und nach einer Rückverdünnung mit Wasser schließlich zur Reifung für mehrere Jahre in Holzfässern gelagert. Aber trotz gleicher Zutaten und identischer Herstellungsweise ist das Endprodukt immer ein anderes.

Das ist eine der größten Wonnen für Whiskyliebhaber: die Tatsache, dass der Stil eines jeden Whiskys unkopierbar bleibt. Egal wie sorgfältig der Nachahmungsversuch unternommen wird, die Endresultate bleiben merklich verschieden. Nicht einmal die gründlichste wissenschaftliche Analyse kann erklären, warum. In Dufftown, einem kleinen Dorf in der Speyside, arbeiten sieben Brennereien im Umkreis von einer Meile. Sie benutzen das gleiche Wasser, den gleichen Torf, das gleiche Malz und auch die Brau- und Destilliermethoden sind gleich. Und doch hat jeder Whisky sein individuelles Bouquet. Die beiden mittlerweile geschlossenen Brennereien in Inverness, Glen Mhor und Glen Albyn, werden oft als Beispiel für zwei Brennereien zitiert, die fast identisch ausgestattet waren, nur wenige Meter voneinander entfernt lagen, den gleichen Malz benutzten und doch völlig unterschiedliche Whiskys produzierten.

Ein bisschen Mystik bleibt eben doch – oder wie das Eingangsschild an der Old Fitzgerald Bourbon Distillery in Kentucky erklärt: »No chemists allowed! This is a distillery – not a whiskey factory.«

Trotternish, Isle of Skye

Die Wurzeln von uisge-beatha

Wo genau die Wurzeln des Whiskys liegen, ist bis heute unbekannt. Zum ersten Mal dokumentiert wurde er in Schottland und Irland im 15. Jahrhundert. Das Destillieren war zu diesem Zeitpunkt bereits eine altertümliche Praxis, um Parfüm herzustellen und Meerwasser zu entsalzen. Whisky wurde fast ausschließlich von Mönchen zu rein medizinischen Zwecken gebrannt – daher rührt die Bezeichnung »Wasser des Lebens«. Man vermutet, dass missionierende Mönche das Lebenselixier in das gälische Königreich Schottland gebracht hatten und die Einheimischen es ihrem Geschmack

Glen Affric Trail

und ihren Bedürfnissen gemäß adaptierten. Die erste urkundliche Erwähnung findet sich 1494 in den schottischen Steuerunterlagen (Exchequer Rolls): Der Benediktinermönch John Cor aus dem Kloster Lindores in der damaligen schottischen Hauptstadt Dunfermline kaufte acht Bollen Malz ein – genug, um 400 Flaschen Whisky herzustellen.

Illicit Stills – *Schwarzbrennereien und Schmuggel*

300 Jahre später war das Brennen eine Alltäglichkeit und Brennblasen waren in jedem Dorf und jedem Tal der Highlands zu finden. Aber jeder moderne Whiskyenthusiast, der sich die alten Tage zurück-

WUSSTEN SIE, DASS SCOTCH WHISKY …

> ein Viertel des Lebensmittel-Exports des UK ausmacht?

> in einer Menge von 109 Flaschen pro Sekunde nach Übersee verkauft wird?

> in 200 Länder weltweit verkauft wird?

> 10.300 Arbeitsplätze in Schottland und 35.000 Jobs in Großbritannien insgesamt generiert?

> in Frankreich in größeren Mengen verkauft wird als Cognac?

> in Spanien mit Cola, in Japan mit viel Wasser und in China mit kaltem grünem Tee getrunken wird?

> jedes Jahr 1,6 Millionen Besucher in seine Brennereien lockt?

> in über 20 Millionen Fässern in schottischen Lagerhäusern reift?

> in 108 legalen schottischen Brennereien destilliert wird?

wünscht, wäre über das damalige Produkt wahrscheinlich maßlos enttäuscht. In dem rudimentären Alkohol, den man damals konsumierte, wäre das kultivierte, sorgfältig hergestellte Getränk von heute nicht wiederzuerkennen. Der ursprüngliche Whisky war so derb und rau, dass man ihm Kräuter und Gewürze hinzufügen musste, um ihn trinkbar zu machen. Doch der Zuwachs an Popularität, den er trotzdem verzeichnete, lockte unweigerlich die Steuereintreiber an. Nachdem den Destillateuren 1644 offiziell die ersten Steuern auferlegt worden waren, fingen die Schwarzbrennerei und der Schmuggel an zu blühen. Im Jahr 1782 etwa fand man über 1.000 illegale Brennblasen. Allein in Edinburgh soll es 400 illegale Destillerien gegeben haben – gegenüber acht, die eine gültige Lizenz besaßen.

Der legale Whisky-Boom

1823 wurden die Steuergesetze vereinfacht und die Restriktionen für lizenzierte Brennereien entschärft, jene für illegale Brennereien allerdings gestrafft. Gleichzeitig legte man eine Mindestgröße von 40 Gallonen für eine Brennblase fest. George Smith war mit Glenlivet einer der Ersten, der seine Brennerei nach der neuen Gesetzgebung aufbaute, denn von nun an lohnte sich die legale Whiskyproduktion. Der Whisky zu dieser Zeit war aber immer noch von unbeständiger Qualität und wurde meist in Fässern an Weinhändler und Krämer verkauft, die eigene Mixturen herstellten, um die Probleme der Qualität und Quantität zu umschiffen.

1831 ermöglichte es eine neue Art des Destillierens, dass ungemälztes Getrei-

Shop der Kingsbarns Distillery

de (*grain*) gebrannt werden konnte: die kontinuierliche Destillation. Das von Robert Stein erfundene und von Aeneas Coffey mit dem sogenannten Coffey Still weiterentwickelte Verfahren führte zu einem Produkt, das preiswerter und weniger geschmacksintensiv war und sich zum Vermischen mit den teureren Malzwhiskys eignete. Nachdem sein Vater bereits drei Jahre zuvor den ersten Blend aus Single Malts hergestellt hatte, kreierte der Schotte Andrew Usher jun. 1856 den ersten Blend, der auch *grain* enthielt. Als Usher's Green Stripe existiert er noch heute auf dem Markt. Auch andere Händler begannen, Malz- und Kornwhiskys zu Blended Scotch zu verschneiden. Insbesondere nach der Reblausplage, die in den 1880er-Jahren fast die gesamten französischen Weinstöcke vernichtete und damit den Wein-, Brandy- und Cognackonsum fast völlig zum Erliegen brachte, fand der neue Whisky weltweiten Absatz.

Uig, Isle of Lewis

Die Weltkriege, die Anti-Alkohol-Bewegung und amerikanische Prohibition dämmten das Wachstum der schottischen Whiskyindustrie zu Beginn des 20. Jahrhundert wieder ein. Nicht nur mussten viele amerikanischen Firmen, sondern v.a. auch eine Vielzahl kleinerer schottischer Brennereien schließen. 1915 wurde der Immature Spirits Act in Kraft gesetzt, der den Verkauf von Whisky untersagte, der weniger als zwei Jahre im Fass gereift war. Dieses Gesetz wurde später auf drei Jahre erweitert, was zu weiteren Schließungen führte.

Whisky heute

Nach der Krisenzeit wurde die neu anlaufende Produktion von großen Konzernen kontrolliert, Fusionen und Übernahmen gehören seitdem zur Tagesordnung. Heute gibt es kaum noch kleine, familiengeführte Brennereien. Benromach, Glenfarclas, Arran, Speyside, Springbank, Bladnoch, Bruichladdich, Edradour und die neu entstandenen Farmbrennereien wie Daftmill und Kilchoman bilden die seltenen Ausnahmen. Der Großteil der schottischen Destillerien wird von multinationalen Großkonzernen geführt, für die der Getränkemarkt nur einer von mehreren Geschäftsbereichen ist. 1997 fusionierte Guinness mit Grand Met, wodurch Diageo entstand, der weltweit größte Getränkekonzern. Diageo kontrolliert mit 45 Brennereien fast die Hälfte der schottischen Brennkapazität und nutzt den Großteil des in Schottland hergestellten Whiskys für seine populären Blends (z.B. Johnnie Walker Red und Black Label sowie J&B).

Der Single-Malt-Trend, der mittlerweile zu einem Marktanteil der Single Malts von zehn Prozent an der gesamten Whiskyproduktion in Schottland geführt hat, bewirkte glücklicherweise, dass die Vielfalt und Qualität schottischer Whiskys geradezu rauschhaft zugenommen hat. In den 1980er- und 1990er-Jahren erkannten die schottischen Brennereien das kommerzielle Potenzial des »rohen Materials«. Ähnlich wie beim Bier mit der Wiederentdeckung des Real Ale, begann man die Produktion von Single-Malt-Whisky in Schottland wieder anzukurbeln. William Grant von Dufftown war einer der ersten, der diesen Trend gespürt und seinen Glenfiddich aggressiv als Single Malt vermarktet hat. Die Grants

Isle of Harris

sind noch heute im Besitz ihrer berühmten Whiskybrennerei und inzwischen eine der reichsten Familien in Schottland.

Und sie haben ebenso erkannt, dass sich auch der Prozess der Whiskyherstellung als Teil des schottischen Images vermarkten lässt: 1969 haben die Grants das erste Besucherzentrum in einer schottischen Destillerie eröffnet, 120.000 Besucher nehmen heute jedes Jahr an den mehrsprachigen Führungen durch die Anlage teil. Inzwischen sind Besucherzentren und Brennereiführungen wichtige kommerzielle Aspekte der schottischen Whiskyindustrie geworden.

Green Whisky

Brennereien wie Bruichladdich, Deanston und die 1997 nach zehnjähriger Einmottung wieder auferstandene Benromach Distillery haben in den letzten Jahren aufgrund ihrer Bio-Whiskys einiges an Aufmerksamkeit eingeheimst. Sie rühmen sich damit, dass die Herstellung des schottischen Exportschlagers von der

Gerste bis zur Abfüllung in die Flaschen von der Organic Food Federation überwacht und zertifiziert wird.

Wie viele Industriezweige versucht auch die Whiskyindustrie in Schottland gegenwärtigen Umweltbedenken gerecht zu werden und sich im Bio-Mainstream einzurichten. Dabei hatte die Whiskyproduktion schon immer den Ruf, ein umweltfreundliches Gewerbe zu sein. Nicht nur kommt Whisky mit drei einfachen Zutaten aus – Wasser, Hefe und Gerste –, gerade dass Whisky rein lokal produziert wird, ist in Verbindung mit der Schönheit der einheimischen enigmatischen Landschaft der Hauptgrund für die Erfolgsgeschichte und Verführungskraft des Kultgetränks.

Bis heute gibt es bei der Whiskyherstellung kaum nennenswerte Abfallprodukte. Alles wird wiederverwertet, selbst der bei der Destillierung entstehende Nachlauf (*feint*), der aufgrund seiner Unreinheiten nicht als Alkohol verwendet werden kann, wird wieder zurück in die Brennblasen geleitet und mit dem neuen Destillat vermischt. Das einzige wirkliche Abfallprodukt – die Getreiderückstände (*draff*), die im Maischebottich zurückbleiben, nachdem die Würze (*wort*) abgezogen ist – wird zu Tierfutter weiterverarbeitet.

In manchen Brennereien wird sogar die beim Destillieren entstehende Wärme

genutzt. So beheizt die Bowmore Distillery auf der mal sanft verträumten, mal sturmgepeitschten Hebrideninsel Islay das örtliche Schwimmbad. Die Glen Garioch Distillery, die als eine der ersten Brennereien in Schottland von Kohle auf Erdgas umstellte, leitet ihre Abwärme in Gewächshäuser, in denen Gemüse angebaut wird. Und die Deanston Distillery, die 1965 in einer alten Baumwollmühle eröffnet wurde, generiert ihren Strom mithilfe einer Wasserturbine im nahegelegenen Fluss Teith und speist sogar überschüssige Energie ins örtliche Stromnetz ein. Die Bruichladdich Distillery auf Islay schließlich nutzt sauerstofffreie Bioreaktoren (*fermenter*), die Pot Ale, ein Nebenprodukt der Whiskyherstellung, in Methangas umwandeln, das wiederum verbrannt wird, um Energie

zu gewinnen. Selbst der Behemoth Diageo plant, 65 Millionen Pfund in seinen Betrieb in Cameronbridge in Fife für ein Bioenergieprogramm zu investieren. Dieses soll bis zu 80 Prozent der benötigten Energie bereitstellen.

Auch bei der Reifung der Whiskys in Eichenfässern wird recycelt. Während die Whiskyfässer in Amerika nur einmal befüllt werden dürfen, importieren die Schotten die ausrangierten Fässer und befüllen sie bis zu viermal wieder. Dies hat natürlich weniger ethisch-umweltfreundliche als vielmehr geschmacklich-pragmatische Gründe. In Sachen *carbon footprints* durch den Vertrieb des Produkts Whisky in aller Herren Länder und Verpackungsextravaganzen gibt es in Schottland noch einiges zu verbessern.

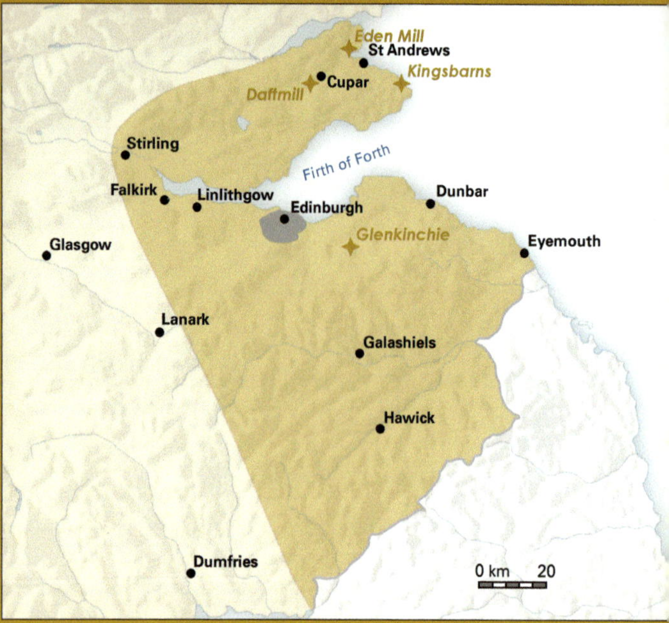
Eden Mill
St Andrews
Kingsbarns
Cupar
Daftmill
Stirling
Firth of Forth
Falkirk
Linlithgow
Dunbar
Edinburgh
Glenkinchie
Glasgow
Eyemouth
Lanark
Galashiels
Hawick
Dumfries
0 km 20

EDINBURGH & SOUTHEAST LOWLANDS

Wer mit dem Flugzeug nach Edinburgh reist, kann noch am besten sehen, wie der Firth of Forth, ein von Eiszeitgletschern geformter Nordseefjord, die Hauptstadt von Schottland und die umliegenden Lowlands, das Flachland, dominiert. Über 70 Kilometer hat sich der Fjord ins Inland gefräst und zum wirtschaftlichen Aufschwung des einst bettelarmen Landes beigetragen. An seinen Ufern wird heute Nordseeöl raffiniert und mit bahnbrechenden Forschungen in der Biochemie wie dem Schaf Dolly auf sich aufmerksam gemacht. Die Universitäten am Firth of Forth zählen zu den gefragtesten des Landes. Die Touristen, die vor allem in den Sommermonaten zu Tausenden am Flughafen von Edinburgh landen, werden von den historischen Stätten angezogen: Stirling Castle, Linlithgow Palace – das Versailles des Nordens – und das UNESCO-Weltkulturerbe Edinburgh selbst. Sie kommen aber auch zum Golfen. Die weißgewaschenen Küsten der Nordsee und die Landschaft aus sanft rollendem Farmland sind das

Edinburgh – Grassmarket

Zuhause einiger der berühmtesten, ältesten und auch besten Golfplätze der Welt, wenn man den Championship-Profis Glauben schenken darf.

Nicht ganz so beliebt ist die Region unter Whiskykennern. Zu Unrecht, wenn man bedenkt, dass im 18. und 19. Jahrhundert das Gebiet der Lowlands der Haupterzeuger für Scotch Whisky war. Auf dem fruchtbaren Ackerland wurde ein Großteil der Gerste für die Whiskyindustrie kultiviert und jede größere Ortschaft besaß ihre eigene Brennerei. Dies und die moderne Infrastruktur leiteten die Industrialisierung der Whiskyproduktion ein. Die Lowland-Whiskys wurden vor allem für die englischen Märkte traditionell dreifach destilliert. Sie galten als weich und fruchtig, und weil sie leichter waren, erhielten sie den Spitznamen »Lowland Ladies«. Neben einigen Grain-Destillerien haben nur drei der alteingesessenen Lowland-Brennereien überlebt.

Einige neue Projekte wie Annandale, Falkirk und die 2005 eröffnete Daftmill Distillery wollen das Erbe der Lowland-Whiskys revitalisieren.

Auch in Edinburgh waren einige Brennereien zu Hause, von denen nur noch die North British Distillery erhalten ist, eine Fabrikanlage, die im Schatten des Tynecastle-Fußballstadions in Massenproduktion die Grundzutat der Blended Whiskys destilliert. Aber auch ohne Pagodendach zelebriert die Hauptstadt ihre Whiskykultur mit einem Varieté aus süffigen Veranstaltungen und Tastings, Whiskyclubs und -restaurants und der Vielzahl an urigen Pubs.

Calton Hill

Glenkinchie

Tranent EH34 5DU
Tel. +44 (0) 1875 34 20 04
www.discovering-distilleries.com

Glenkinchie, der wegen seiner Nähe zur Hauptstadt auch der Edinburgh Malt genannt wird, präsentiert sich als typischer Lowlander: mild in Nase und Gaumen, aber bereichert mit komplexen Aromen. Die Destillerie, die 1825 von den Gebrüdern Rate unter den Namen Milton Distillery gegründet wurde, erlangte erst in den 1990er-Jahren Popularität, als sie an Diageo verkauft und unter dem erfolgreichen Label Classic Malt vermarktet wurde. Besucher empfinden Glenkinchie oft als die perfekte Einstiegsbrennerei, da die Führungen eine solide Einführung in die Thematik vermitteln und darüber hinaus zwei Drams aus der Diageo-Kollektion zur Verkostung anbieten.

The Meadows

Führungen: £ 8
Jan.-Feb.,
Nov.-Dez.: Mo-So 10-15 Uhr,
(ab 1. März So ab 11 Uhr)
März-Okt.: Mo-So 11-16 Uhr

Flavour of Scotland Tour: £ 12
(Verkostung mehrerer Diageo Classic Malts)
Neu: Shuttlebus von Edinburgh Waverly Place dreimal täglich, 09:15, 10:45 und 13:00, £ 20 für Busfahrt + Tour, am besten mit Voranmeldung

Daftmill

TIPP

Fife KY15 5RF, nahe Cupar
Tel. +44 (0) 1337 83 03 03
www.daftmill.com

An einem idyllischen Weiler inmitten von Gerstenfeldern, in denen Mohnblumen flammen, liegt die Farm der Familie Cuthberg. Hier, in den natursteinernen Farmgebäuden, begann man 2005 zum ersten Mal zu destillieren, und zwar so, wie es vor 200 Jahren noch unumgänglich war: Im Sommer werden Gerste, Rüben, Kartoffeln angebaut, im Winter wird Whisky gebrannt. Das Ziel: die Tradition der leichten, fruchtigen Lowland-Whiskys wiederzubeleben. Führungen sind auf Anfrage möglich und werden vom Hausherrn persönlich angeboten. Sachlich, verständig und ohne die Marketing-Mythen der Industrie zu bemühen, verrät Cuthberg, was es heißt, eine Brennerei aufzubauen. Der zehn Jahre alte Daftmill Single Malt ist seit 2015 zu erwerben sein, Verkostungen aus »first fill bourbon and sherry casks« sind jetzt schon vor Ort erhältlich.

Führungen: möglich, aber nur mit Voranmeldung (die Distillerie besitzt kein Besuchszentrum)

♥ *Eden Mill*

Main Street, Guardbridge,
St Andrews, KY16 0UU
Tel. +44 (0) 1334 83 40 38
http://edenmill
standrews.com

Seit 1873 eine Papiermühle mit mehr als 600 Angestellten wurde die Papierproduktion in Guardbridge 2008 schliesslich eingestellt. 2012 begann man hier, das erste Bier zu brauen. Und als schließlich im November 2014 der erste Whisky floss, wurde die Eden Mill zur ersten Destillerie-Brauerei des Landes. Nur 2000 Liter Whisky – 8 Fässer – sollen pro Woche in Zukunft destilliert werden. Man will es »klein halten« in Eden Mill und einen leicht getorften, maritimen Whisky im Highland-Stil produzieren. Keramikflaschen mit New Make Spirit können momentan erworben werden, genauso wie Fässer ab £ 1.200.

Brauerei Führungen: £ 7.50
(Führung durch die Brauerei
mit anschließendem Tasting
von 6 verschiedenen Bieren)
Mo-Fr 13:00 und 15:00,
Sa/So 11:00, 17:00

VIP Tour: £ 20
(Brauereiführung, Stilhouse- und
Lagerhaus-Besichtigung mit Verkostung
der hauseigenen Biere, Gins und Whisky)
Nur auf Anfrage.

Gin Führung: £ 10
(G&T zur Begrüßung, Führung durch
die Brennerei mit anschließendem
Tasting von verschiedenen Gins,
Mo-So 12 und 16 Uhr)

Kingsbarns

Gebaut in der malerischen Küsengegend East Neuk südlich von St Andrews überblickt die Brennerei einen der bekannten Championship-Golplätze der Gegend. Die Eröffnung der neuen Kingsbarns Distillery im Dezember 2014 wurde mit großer Spannung erwartet, denn die Brennerei hat bereits eine beeindruckende Whisky-Verbindung vorzuweisen noch bevor der erste Tropfen produziert wurde. Denn Eigentümer ist die Wemyss Familie, die sich als unabhängige Abfüller bereits einen Namen gemacht haben und vornehmlich Vatted Malts nach Geschmacks-und Geruchsrichtungen abfüllten. Die Whisky Verbindungen der Familie reichen bis ins 19. Jahrhundert zurück, so ist es nicht verwunderlich, dass man nun auch eigenen Whisky destillieren möchte.

East Newhall Farm,
Kingsbarns, Fife, KY16 8QE
Tel. +44 (0) 1333 451300
www.kingsbarns
distillery.com

Tgl. Nov.-Feb.:	11-16 Uhr
März und Okt.:	10-17 Uhr
Apr.-Sep.:	10-18 Uhr
Nov.-Feb.:	Mo-Mi 11:30 & 14:30; Do-So 11:30, 13:00, 14:30
März und Okt.:	11:00, 12:30, 14:00, 15:30

April September Führungen:
10:30, 11:30, 12:30, 13:30, 14:30, 15:30, 16:30

Eintritt: £ 10

Dream to Dram: £ 50, 14 Uhr
(2 Std.; vom Eigentümer geführt, 6 Drams)
Nur auf Anfrage.

GLENKINCHIE VS. ROSEBANK

Die Ursprünge der Rosebank Distillery am Rande der Industriestadt Falkirk sollen bis in die 1790er-Jahre reichen. Seitdem produziert die Brennerei bis zu ihrer Übernahme durch United Distillers – einem Vorläufer von Diageo, der zu den größten Spirituosenkonzernen der Welt gehört. 1993 wurde die Rosebank Distillery zugunsten von Glenkinchie geschlossen. Über die Einmottung der Brennerei, die einen der feinsten Lowland-Whiskys produzierte, wird unter Whisky-Connaisseuren bis heute lamentiert. Der Verlust schmeckt bitter, war die Schließung doch weniger von Geschmack als vielmehr von Marketingüberlegungen motiviert. Aufgrund der industriellen und misslichen urbanen Kulisse und der unökonomischen, wenn auch traditionellen Praxis der Dreifachdestillierierung von Rosebank fiel die Entscheidung für die Glenkinchie Distillery, die geografisch schöner gelegen ist und deren Namen schottischer war.

Hotel du Vin

Das luxuriöse Altstadthotel kooperiert seit ein paar Jahren mit der Scotch Malt Whisky Society. Die Whiskys, die sonst nur Clubmitgliedern vorbehalten sind, können in der Grape & Grain Bar stilecht genossen werden. Das Restaurant unter Chefkoch Matt Powell und die Zigarren-Ecke halten weitere Genüsse bereit.

11 Bristo Place
Edinburgh EH1 1EZ
Tel. +44 (0) 131 2 47 49 00
www.hotelduvin.com/hotels/edinburgh/edinburgh.aspx

Le Monde

»Inhaliere das Leben«, so lautet das Motto des trendigen Boutiquehotels, das stimmig mit dem Business-Chic und Stöckelschuh-Hedonismus der Ausgehmeile George Street harmoniert. Jedes der 18 Zimmer ist individuell durchgestylt und nach Weltstädten gestaltet: »New York« hat das Flair eines klassischen Lofts in Manhattan, während sich im Zimmer »Paris« burgunderrote Ornamente die Tapete entlangziehen.

16 George Street
Edinburgh EH2 2PF
Tel. +44 (0) 131 2 70 39 00
www.lemondehotel.co.uk

14 Heart Street

In diesem Newtown-Stadthaus residiert der Geist des alten, aufgeklärten und vor allem vornehmen Edinburgh. Die Zimmer sind ruhig, verschwenderisch geräumig

14 Hart Street
Edinburgh EH1 3RN
Tel. +44 (0) 131 5 57 68 26
www.14hartst.com

und komfortabel bestückt. Ein Dekanter mit Whisky und zwei kleine Flaschen Wein laden zum Entspannen und Fabulieren ein. Die Frühstückstafel aus dunklem Massivholz im georgianischen Esszimmer ist einfach nur fürstlich zu nennen. James und Angela Wilson verbiegen sich, um die Wünsche ihrer Gäste zu erfüllen.

Botanics B&B

Dundas Street
Edinburgh EH3 5QB
Tel. +44 (0) 131 5 52 15 26
www.edinburghbotanics-bandb.co.uk

Schlichte Eleganz, antike Möbel und Mitbringsel aus der ganzen Welt machen den behaglichen Charme dieser kleinen Pension aus. Die Bettleinen riechen wunderbar. Eleanor Snyder ist die perfekte Gastgeberin und lässt Gäste sogar ihre Küche benutzen. Von den Zimmern kann man nicht über den liebevoll gepflegten Garten der Eigentümerin, sondern auch die üppige Pracht des Botanischen Gartens blicken. 30 Minuten Fußweg durch elegante Wohnviertel bis ins Zentrum (zehn Minuten mit dem Bus).

Ship on the Shore

Der Hafen von Leith beherbergt einige der besten Restaurants der Stadt. Zwischen nautischem Kartenmaterial und rustikalem Interieur wird im Ship on the Shore feinste Meeresküche serviert. Austern, Hummer, Shetland-Muscheln, aber auch Lamm- und Rindgerichte sind einen Ausflug ins Hafenviertel wert. Im Teuchter's Landing auf der anderen Seite des Leith kann man aus 80 Whiskys wählen, und auch die Scotch Malt Whisky Society schenkt in unmittelbarer Nachbarschaft Tropfen aus, die in Erinnerung bleiben.

24–26 Shore, Leith
Edinburgh EH6 6QN
Tel. +44 (0) 131 5 55 04 09
www.theshipon
theshore.co.uk

Scotch Malt Whisky Society

www.smws.co.uk

The Vaults (nur für Mitglieder des Whiskyclubs):
87 Giles Street, Leith
Edinburgh EH6 6BZ
Tel. +44 (0) 131 5 54 34 51

Dining Room (auch Nichtmitglieder):
28 Queen Street
Edinburgh EH2 1JX
Tel. +44 (0) 131 2 20 20 44

Skurril-fantasievolle Beschreibungen und eine hohe Qualität kennzeichnen die Whiskys des bekannten Clubs. Die Society kauft Einzelfässer auf und füllt sie unter eigenem Label ab. Alle Whiskys sind also Einzelfassabfüllungen, und zwar »single cask, cask strength«. Zwei der drei Niederlassungen im UK befinden sich in Edinburgh. In den Vaults, einem umgebauten Hafenlagerhaus, kann man die Raritäten auf gemütlichen Ledersofas am knisternden Kamin stilecht verkosten. Im Dining Room, einem georgianischen Stadthaus in Edinburghs eleganter Newtown, wird feine Küche aufgetragen. Meeresspezialitäten wie Kammmuscheln, Heilbutt und Lachs werden ebenso wie Wild- und Rindklassiker kunstvoll mit Beilagen drapiert und mit feinen Weinen angeboten.

Whiski Rooms

4–7 North Bank Street
Edinburgh EH1 2LP
Tel. +44 (0) 131 2 25 72 24
www.whiskirooms.co.uk

Aus exponierter Lage überblickt das neueröffnete Whiskyrestaurant die geschäftige Princes Street. In einer innovativen Symbiose aus Verkaufsladen und Restaurant werden Tastings veranstaltet, Flaschen verkauft und Whiskymenüs aufgetragen. Die Speisekarte beherbergt keine großen Überraschungen, aber solide Pub-Klassiker, die hier und da mit Whiskysaucen aufgepeppt werden.

The Bow Bar

Traditionelle Whiskybar am Grassmarket ohne jeden touristischen Firlefanz. Es spielt keine Musik und kein Fernsehen (abgesehen von einigen wichtigen internationalen Sportereignissen). Der reichhaltige Bestand an 220 Single Malts umfasst Einzelfassabfüllungen unabhängiger Abfüller, seltene Erzeugnisse und Whiskys geschlossener Brennereien. Die alte Eichenholzbar, die vertäfelten Wände und fixierten Tische und Bänke vervollkommnen das authentische Gesamtbild. Im »UK Good Pub Guide« als Whiskybar des Jahres 2011 ausgezeichnet.

80 West Bow
Edinburgh EH1 2HH
Tel. +44 (0) 131 2 26 76 67

The Abbotsford

Ein weiterer historisch-eleganter Pub an der pulsierenden Ausgeh-Ader Rose Street. Das holzvertäfelte, mit Deckenmalereien verzierte Abbotsford hat in den letzten Jahrhunderten Poeten und Künstler wie Hugh MacDiarmid und Sorley MacLean bewässert. Die rund 50 Malts, unter denen sich einige Cadenhead's-Abfüllungen befinden, sind fair bepreist.

3–5 Rose Street
Edinburgh EH2 2PR
Tel. +44 (0) 131 2 25 52 76
www.theabbotsford.com

SHOPS

Cadenhead's

172 Canongate
Edinburgh EH8 8DF
Tel. +44 (0) 131 5 56 58 64
www.wmcadenhead.com

Unbedingt empfehlenswert! Dieses altmodische und etwas staubige Juwel unter Edinburghs Whiskyläden mag auf Neulinge zunächst einschüchternd wirken. Wer allerdings etwas wirklich Authentisches probieren möchte, sollte seine Schüchternheit überwinden, denn das Angebot an erstklassigen, ungewöhnlichen und einzigartigen Whiskys ist hier unschlagbar. Cadenhead's, eine Firma aus Campbeltown, ist der älteste unabhängige Abfüller Schottlands und vertreibt seine Produkte seit 1842. Die meisten der Whiskys sind nicht nur Einzelfassabfüllungen und *cask strength* sondern auch angemessen bepreist.

Royal Mile Whiskies

379 High Street,
The Royal Mile
Edinburgh EH1 1PW
Tel. +44 (0) 131 2 25 33 83
www.royalmile
whiskies.com

Der gefragte und zentral gelegene Whiskyladen findet sich in prominenter Nachbarschaft einiger der wichtigsten Sehenswürdigkeiten der Altstadt. Unter der grünen Schaufenstermarkise stranden Whiskyliebhaber gleichermaßen wie zufällig vorbeibummelnde Touristen. Die Eigentümer haben vor zehn Jahren das Whisky Fringe Festival ins Leben gerufen und sind dementsprechend Kenner der Szene.

The Scotch Whisky Experience

Direkt neben dem Edinburgh Castle verrät dieser Miniaturfreizeitpark Wissenswertes über die historischen Trinkgewohnheiten der Schotten. Effekthascherisch werden die Touristen in Plastikfässern durch die Whiskygeschichte geschleust und mit einem winzigen Dram billigen Blends verköstigt. Sparen Sie sich den Eintritt von £ 12.50 (für die billigste Führung) und probieren Sie lieber in der exzellenten angegliederten Bar einen der 320 verschiedenen Whiskys.

354 Castlehill,
The Royal Mile
Edinburgh EH1 2NE
Tel. +44 (0) 131 22 00 441
www.scotchwhisky
experience.co.uk

Eintritt: ab £ 14.50

The Royal Mile

Jolly Toper Tastings

Tolbooth Tavern
167 Canongate
Edinburgh EH8 8DF
www.jollytoper
tastings.co.uk

Der Manager von Royal Mile Whiskies, Mark Davidson aka Jolly Toper, lädt alle zwei Wochen zum Tasting auf die Royal Mile. Hier, in der urigen Tolbooth Tavern, kann man im Kreise gleichgesinnter Whiskyliebhaber ungewöhnliche junge und alte, teure und erschwingliche Tropfen verkosten, gewürzt mit amüsanter und wissensgesättigter Unterhaltung.

Eintritt: £ 17-25
(Tickets und Anmeldung bei Cadenhead's oder über die Website des Jolly Toper Tastings.)

The Royal Mile

Whisky Fringe

Das dreitägige Whiskyfestival sucht seinesgleichen. Das Gemeindehaus der früheren Church of Scotland wird jedes Jahr im August bis unter die Emporen mit Whisky und Rum gefüllt: Bühne frei für das großzügigste Whiskygelage der Saison! Unter den farbintensiven Wandmalereien der Gewölbe und Kuppeln bieten alle größeren Destillerien und viele unabhängige Abfüller ihre flüssigen Waren feil. Verwöhnte Gaumen können aus über 300 Whiskys wählen, darunter teuren Raritäten und Fassproben. Die Tickets werden nur online über die Website von Royal Mile Whiskies verkauft und sind in der Regel innerhalb von zehn Minuten vergriffen.

East London Street
Edinburgh EH7 4BL
www.royalmile
whiskies.com

Eintritt: £ 25

The Meadows

Calton Hill

Edinburgh Castle

VON FASSPREISEN UND AUSGEHENDEN VORRÄTEN

Ein Gespräch mit Mark Davidson (ehemals Cadenhead's)

Cadenhead's ist Schottlands ältester unabhängiger Abfüller, Mark Davidson der Manager der Firma. Das atmosphärische Geschäft auf der Royal Mile in Edinburgh wird von whisky-legasthenischen Touristen und Connaisseuren gleichermaßen aufgesucht. Mark veranstaltet unter dem Namen Jolly Toper außerdem regelmäßige Whisky-Tastings.

Mark Davidson der frühere Manager

Cadenhead's ist ein geradezu legendäres Whiskygeschäft. Wo liegen die Anfänge der Firma?

Cadenhead's ist eine ziemlich alte Institution, wir sind definitiv Schottlands ältester unabhängiger Abfüller. 1842 wurde es von George Duncan in Aberdeen gegründet. Dort gab es durch den Hafen nicht nur jede Menge Arbeiter, Fischer und stationierte Soldaten, sondern außerdem einen umfassenden Handel mit Sherry, Rum, Wein und Whisky. Whiskyfässer wurden zudem oft als Ballast für die Schiffe genommen, die Sklaven oder exotische Güter abholen sollten. Außerdem soll das Geschaukel auf dem Schiff, wenn also der Whisky in den Fässern hin- und herrollte, zur Reifung und einem speziellen Charakter beigetragen haben. Die Informationen über die Ursprünge der Firma, die von Generation zu Generation weitergeben wurden, sind jedoch etwas dünn – wie immer bei stiller Post. Nach zehn Jahren tat George Duncan sich mit seinem Schwager William Cadenhead zusammen. Für die berühmten Cadenhead's-Single-Malts zeichnete Robert W. Duthie verantwortlich, der das Geschäft nach dem Tod seines Onkels William übernahm. Bis in die 1960er-Jahre, als der letzte Cadenhead-Nachfahre noch lebte, handelte die Firma mit Spirituosen. Doch die damalige Geschäftsführerin vermochte nicht, mit der Zeit zu gehen. Schließlich mussten die riesigen Lagerhäuser geräumt und die Flaschen versteigert werden. Dadurch ließen sich die Schulden bewältigen, jeglicher Profit ging an eine gemeinnützige Organisation. 1972 schließlich wurden das Geschäft und der Name an Springbank verkauft.

Was für eine Rolle spielten unabhängige Abfüller in dieser Zeit?

In der Nachkriegszeit, in den 1950- und 1960er-Jahren, nahmen der Whiskykonsum und die Produktion stetig zu. Die Wirtschaft erholte sich und es etablierte sich der Luxus, schottischen Whisky zu trinken, der mit einem exotischen, weil traditionellen Image daherkam. Man konnte das Geld förmlich riechen, wenn jemand Champagner, Cognac oder Whisky trank. Aber das war in fast allen Fällen Blended Whisky, der in riesigen Mengen relativ preiswert mit immer guter Qualität hergestellt und mit einer starken Markenidentität versehen vertrieben werden konnte. Trotzdem füllten Firmen wie Cadenhead's, Gordon & MacPhail und Robert Watson in Aberdeen und Peter Thomson in Perth Single Malt für einen kleinen Nischenmarkt ab. Die Italiener zum Beispiel begannen plötzlich, Glen Grant zu trinken. Single Malts waren ein völlig neues Konzept, ein Produkt, das noch unbestimmt im Charakter war und limitiert für einen kleinen Markt.

Wie schwer ist es heutzutage, sich als unabhängiger Abfüller zu etablieren?

Unabhängige Abfüller schießen seit einiger Zeit wie Pilze aus dem Boden. Das Problem ist, den Whisky zu finden. Es ist nicht schwer die Kunden zu bekommen. Es gibt heutzutage mehr Kunden, mehr Abfüller und mehr Abfüllungen als jemals zuvor. Aber die Blendproduktion nimmt jedes Jahr zu. Immer mehr Brennereien expandieren, so etwa Glenlivet oder Macallan. Viele Whiskys werden ohne Altersangabe verkauft und sind wahrscheinlich wesentlich jünger als zehn Jahre. Das hilft der Industrie, denn die Vorräte der zwölf- und zehnjährigen Whiskys neigen sich langsam dem Ende entgegen. Natürlich wird viel destilliert, aber wir produzieren jetzt Whisky, der in zehn Jahren getrunken wird. Und so, wie sich alles im Moment entwickelt, werden wir vielleicht nicht genug Whisky für die nächsten drei Jahre haben.

Gibt es eine Zukunft für kleine Boutique-Brennereien?

Das muss so sein, es gibt neue kleine Unternehmungen in Wick und Ardnamurchan, auf Lewis und Barra, in Annandale, Kingsbarns und Fife. Einige werden erfolgreich sein, andere wohl eher nicht. Daftmill hat unter den neuen Brennereien eine besondere Stellung. Dort wächst die Gerste, die Gebäude waren schon vorhanden. Alles, was der Eigentümer Francis Cuthbert brauchte, waren das Equipment und die Fässer. Die Destillerie produziert seit Jahren und Francis hat noch keinen einzigen Tropfen verkauft. Das ist natürlich nicht die Norm. Niemand kann es sich leisten, für mehrere Hunderttausend Pfund eine Brennerei zu bauen und keine Einkünfte zu haben. Deshalb baut man Besucherzentren mit Cafés, druckt T-Shirts, verkauft *new make spirit* und konzentriert sich auf die Touristen, bis der Whisky endlich die richtige Reife hat – so machen es Kilchoman oder die Arran Distillery. Aber schön wäre es schon, mehr kleine Unternehmen und privat geführte Brennereien zu sehen.

Wie siehst du den schottischen Whiskymarkt im Vergleich zu anderen Whisky produzierenden Nationen? Gibt es eine Bedrohung für Scotch durch die aufkommenden globalen Produktion?

Niemand kann die Entwicklung vorhersagen. Märkte wie Indien und Japan sind große Whisky produzierende Nationen. Nicht nur, was die Quantität betrifft.

Gerade japanischer Whisky gehört zu den Top-Whiskys der Welt. Aber auch in Deutschland, den Niederlanden usw. werden qualitativ hochwertige Tropfen hergestellt. Der Markt verändert sich ständig. Ich kann mir nicht vorstellen, dass die Iren im 19. Jahrhundert gedacht hätten, dass irgendwann einmal nur noch drei irische Brennereien übrig bleiben und Schottland die Whiskynation schlechthin werden würde. Aber auch in Schottland verlief die Entwicklung nicht ohne Rezessionen, Krisen und die Schließung Hunderter Brennereien.

Was sind deine frühesten Erinnerungen an Whisky?

Na ja (lacht), ich bin in Elgin aufgewachsen. Da gibt es sechs Brennereien. Die Luft ist geschwängert von den Brenngerüchen. Mein Spielplatz war die Glen Moray Distillery. Ich erinnere mich auch, dass die Männer in unserer Familie oft einen Whiskyatem hatten.

Wie bist du zum Whiskyliebhaber geworden?

Ich habe Ingenieurswesen studiert und mochte es nicht. Dann wurde ich Lehrer und habe Mathematik unterrichtet. Aber uninteressierten Kindern Formeln einzubläuen, hat mir dann bald auch keinen Spaß mehr gemacht. Nach einer kurzen Karriere als Postmann habe ich dann in der Scotch Malt Whisky Society in Edinburgh gearbeitet und dort meine ersten fantastischen Drams probiert. Loch Lochy, Rosebank, Glenfarclas, Ardbeg. Von einigen Brennereien hatte ich noch nie etwas gehört. Dort fing wirklich alles an. Dort habe ich übrigens auch meine Frau kennengelernt. Wir haben damals in Leith gewohnt, direkt gegenüber den Vaults, und beide in der Society gearbeitet. Hier hatte ich das Gefühl, meine Leidenschaft für Whisky mit meiner Liebe zu unterrichten verbinden zu können.

Wenn du die Ressourcen hättest, eine geschlossene Brennerei wiederzueröffnen, welche wäre es?

Die Liste wäre endlos: Rosebank, Port Ellen – es gibt so viele Brennereien, die aufregenden Whisky produziert haben. Wenn ich mich aber auf die Rettung von wirklich nur einer Destillerie beschränken müsste, dann wäre das Brora in den Highlands.

UNABHÄNGIGE ABFÜLLER

Per Definition ist ein unabhängiger Abfüller eine Firma, die Fässer aus verschiedenen Brennereien aufkauft und den Whisky unabhängig von den Brennereien unter eigenem Label abfüllt. Für die schottischen Brennereien sind unabhängige Abfüller nichts Neues. Der älteste unabhängige Abfüller ist Cadenhead's, der 1842 in Aberdeen gegründet wurde, noch bevor Blends erfunden waren und Single Malt so populär wurde wie heute. Die Absatzzahlen unabhängiger Abfüllungen steigen pro Jahr zwischen 15 und 20 Prozent. Um als Abfüller agieren zu können, braucht man ein hohes Startkapital und v.a. ein eigenes zollfreies Lagerhaus. Die großen unabhängigen Abfüller lagern bis zu 10.000 Fässer. Ein solches Whiskylager kann allerdings kein mittelständisches Unternehmen aus eigener Tasche finanzieren, sodass Banken mit langfristigen Krediten helfen müssen. In den Lagerhäusern wird der Whisky nicht nur gereift, sondern zur Nachreifung in verschiedene Fässer umgefüllt (Finishing). Einige Abfüller haben nicht nur eigene Shops wie Cadenhead's in Edinburgh auf der Royal Mile oder Gordon & MacPhail auf der South Street in Elgin, sondern besitzen mittlerweile sogar eigene Brennereien. So hat Gordon & MacPhail 1993 die Benromach Distillery erworben und Signatory die Edradour Distillery in der Nähe von Perth. Adelphi besaß eine Brennerei in Glasgow, die 1907 geschlossen wurde. Seitdem füllt die Firma den Whisky aus anderen Brennereien ab. Vor kurzem erhielt Adelphi die Erlaubnis zum Bau einer neuen Brennerei in der Nähe ihres Hauptbüros auf der abgelegenen Halbinsel Ardnamurchan.

Einige Abfüller wie Berry Bros. & Rudd haben ihren Ruf im Weingewerbe erworben und erst vor einiger Zeit ihre Finger in Richtung Whisky ausgestreckt. Eine Ikone unter den Unabhängigen ist sicher die Scotch Malt Whisky Society. Der Aufstieg der Firma begann, als sich eine Gruppe von Freunden zusammentat, um Whisky direkt aus dem Fass zu genießen. Hier kann man sicher den Beginn des gegenwärtigen Trends zu Cask-strength-Whiskys und Einzelfassabfüllungen ansetzen. Die Society gehört mittlerweile zu Moët Hennessy–Louis Vuitton, die auch Glenmorangie und Ardbeg ihr Eigen nennen. Ähnlich wie die Society nur die Geschmacksrichtungen und nicht den Namen der Brennerei auf das Label druckt, benennt der Abfüller Wemyss Malts seine Whiskys nach dem Inhalt und nicht nach dem Brennereinamen: Seine Whiskys heißen »Honigernte« (Honey Harvest) oder »Ingwerkompott« (Ginger Compote) und werden als Single Malt oder Blend vertrieben.

Einige der unabhängigen Abfüller offerieren ein gutes Preis-Leistungs-Verhältnis, während andere auf einen eher exklusiven Markt abzielen. Die Bladnoch Distillery begann vor einigen Jahren, sporadisch Abfüllungen von anderen Brennereien über ihr Forum zu verkaufen, die einen Bruchteil von dem kosteten, was andere Abfüller verlangen. Seitdem hat der Eigentümer Raymond Armstrong Whiskys wie Port Ellen, Caol Ila, Glen Ord und Glen Spey abgefüllt, nicht selten mit Altersangaben von 20-30 Jahren. Auf dem Konzept aufbauend hat sein Sohn Martin 2011 eine eigene Firma gegründet und verkauft unter dem Namen Whiskybroker preiswerten Qualitätswhisky direkt aus dem Fass.

Caledonian Distillery

Easter Dalry Wynd
Edinburgh EH 11 2TB

Während auf der Insel Islay die Whiskyindustrie ein lebendiger Teil des Insellebens ist, scheint von Edinburghs Whiskyerbe nicht mehr viel übrig zu sein. Einen letzten Überrest findet man nahe dem Haymarket-Bahnhof im Westen der Stadt. Hier thronte von 1855 bis 1988 Großbritanniens größte Getreidebrennerei, die mit einem der europaweit größten Patent Stills (Destillierapparate zur Herstellung von Getreidewhisky) riesige Mengen an Grain Whisky produzierte. Ein Großteil der Gebäude wurde in Wohnungen umgebaut, der hohe Schornstein, das Mälzhaus und die alten Lagerhäusern kann man allerdings noch sehen. In den letzten Jahren haben einige unabhängige Abfüller wie Clan Denny interessante Produkte auf den Markt gebracht, in denen man den Geschmack der Vergangenheit noch in vollen Zügen genießen kann.

Abbeyhill Distillery

Ecke Abbeyhill Street,
Croft-An-Right
Edinburgh EH8 8EG

Unweit des Zentrums von Edinburgh, hinter dem Palace of Holyroodhouse, stand früher die Abbeyhill Distillery. Die Brennerei stoppte ihre Whiskyproduktion 1852, begann aber anschließend, Bier zu brauen: Bis in die 1960er-Jahre wurde hier ein helles Ale produziert. Auch wenn auf ihrem ehemaligen Gelände inzwischen ein Wohnblock liegt, sind viele der originalen Gebäude noch zu sehen.

Glenforth Distillery & VAT 69

High Street
South Queensferry
EH30 9PP

Im Westen von Edinburgh, an den gewaltigen Brücken über die Meeresförde Forth schlummert der hübsche verträumte Fährort South Queensferry. Der Ort hatte seine eigene Brennerei, die Glenforth Distillery, von der nur noch ein paar Mauern erhalten sind, die heute einen Teil des Restaurants Orocco Pier bilden. Wo heute im Co-Op-Supermarkt die Anwohner einkaufen, stand bis 1984 die Abfüllanlage des VAT 69, des berühmten Blends, der dem Ort zu Popularität verholfen hat. VAT 69 war Statist in Filmen wie »Casino Royale« und »Twelve O'Clock High« und tauchte in Büchern von Simone de Beauvoir bis Thomas Pynchon auf. Der Blend wurde bis zur Schließung der Anlage in South Queensferry verschnitten und in Portweinflaschen abgefüllt. 1882 soll William Sanderson einhundert Fässer mit Blend zusammengestellt und ein Expertengremium zur Verkostung ein-

Forth Bridge

geladen haben. Das von den Connaisseuren als das beste ermittelte Fass, die Nr. 69, hat dem berühmten Blend schließlich seinen Namen gegeben. Die alte Blendanlage fiel den Thatcher-Jahren zum Opfer, ebenso wie die alte Eisenbahnstrecke, die den Whisky einst auf den Kontinent brachte und zum Fahrradweg umfunktioniert wurde. Ein paar der Backsteingebäude stehen aber noch.

St Magdalene Distillery

40 St Magdalene's
Linlithgow EH49 5AQ

Die alte Markstadt Linlithgow war nicht nur der Geburtsort von Mary, der Queen of Scots, sondern auch das Zuhause vieler Brennereien, von denen sich einige um 1800 zur Linlithgow Distillery zusammenschlossen, die später als St Magdalene Distillery Bekanntheit erlangte. Wie die Caledonian-Brennerei in Edinburgh und Rosebank in Falkirk wurde die Brennerei in unmittelbarer Nähe zum Bahnhof und v.a. zum Union Canal errichtet, der die beiden Städte Glasgow und Edinburgh verbindet. Beide – Bahnstrecke und Kanal – wurden für den Transport des Whiskys benutzt und haben die Brennerei bis heute überlebt. 1983 wurden die Gebäude von St Magdalene geschlossen, haben aber überdauert und beherbergen heute statt Whiskyfässern schöne Wohnungen. Der Whisky ist in einigen ausgezeichneten Abfüllungen von *independent bottlers* wie Signatory und Cadenhead's bis dato zu kaufen.

Rosebank Distillery

Noch immer trauern die Anhänger des charismatischen Rosebank-Whiskys der Schließung der Brennerei nach. Bekannt für ihre Dreifach-Destillierung und den klassischen geschmeidigen Stil, ist Rosebank immer noch der Liebling vieler Connaisseure. In Camelon im Falkirk District stehen in der Nähe des Union Canals noch einige wenige Reste der 1993 von Diageo eingemotteten Produktionsanlage. Die verbliebenen Kupferbrennblasen wurden 2009 gestohlen, sodass die Brennerei ihre Pforten wohl nie mehr öffnen wird.

Main Street
Camelon FK1 4DS

Daftmill Distillery

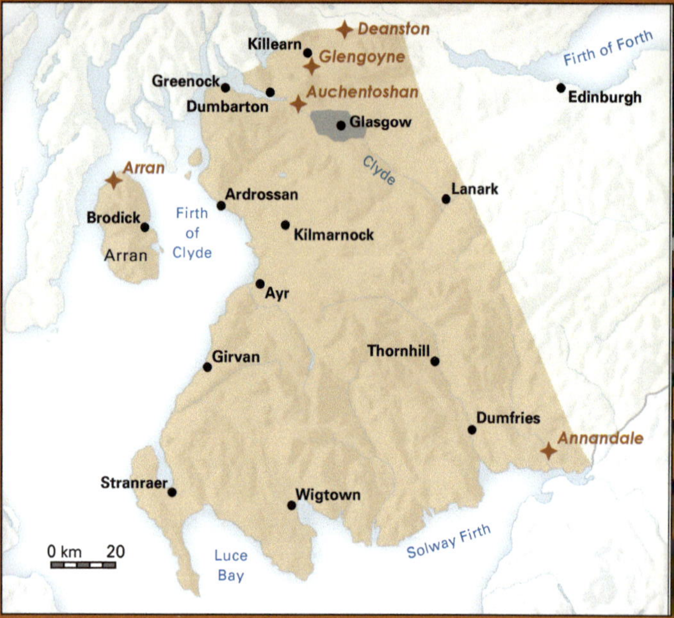
Deanston
Killearn
Glengoyne
Firth of Forth
Greenock
Auchentoshan
Dumbarton
Edinburgh
Glasgow
Arran
Clyde
Lanark
Ardrossan
Brodick
Firth of Clyde
Kilmarnock
Arran
Ayr
Girvan
Thornhill
Dumfries
Annandale
Stranraer
Wigtown
0 km 20
Luce Bay
Solway Firth

GLASGOW, ARRAN & SOUTHWEST LOWLANDS

Glasgow und der Südwesten Schottlands zeigen vor allem eins: einen Reichtum an Kontrasten. Hier sprudeln saubere Bäche, hier wiegt sich grünes, friedliches Farmland im Wind – fast erinnert die Landschaft an die südlichen Highlands. Dort klaffen Brachen des Postindustrialismus, klebt Fabrikruß an den Häuserfassaden und hockt grimmige Gewalt in den Armenvierteln. Glasgow ist Schottlands größte Stadt, die Existenz und Charakter maßgeblich dem dunklen, inzwischen gezähmten Wasserlauf des River Clyde verdankt. Im Hafenviertel, wo früher ein transatlantischer Hafen und ein Schiffbauimperium florierte, stehen heute Appartementblöcke, Mediencenter und einige elitäre Architekturikonen der Stadt. Dumbarton, eine kleine Stadt ein Stück flussabwärts, war bis in die 1990er-Jahre der Nabel der industriellen Whiskyproduktion. Stolz türmte sich der rote Ziegelbau der Ballantine's Grain Distillery am Ufer des Clyde auf. Hier wurde die Grundzutat des beliebten Ballantine's Blend gebrannt – bis 2002, als die Brennerei der Schließung der Nachbardestillerie Inverleven und der Abfüllanlage von J&B Scotch Whisky folgte. Überlebt hat nur die scheinbar endlose Kette Lagerhäuser, die man zwischen Bäumen auf dem Weg zum Loch Lomond erspähen kann.

Nirgendwo in Glasgow ist es weit bis zum nächsten gemütlichen Pub. Ein Gesetz schrieb den Städteplanern früher vor, pro 200 Wohnungen mindestens einen Pub einzurichten. Die Kneipen waren oft das Zuhause der vielen Flüchtlinge aus Irland und den Highlands, die Hunger und Vertreibung in die Arbeiterstadt mit dem Spitznamen »Red Clydeside« spülten. Einige der Whiskybars zählen zu den besten von Schottland und auch sonst hat die Stadt einiges an Whiskykultur zu bieten: Historie und Geschichten, Festivals, Whiskytouren und die Auchentoshan Distillery. Die Glengoyne Distillery, eine der hübschesten Brennereien am Fuße des Dumgoyne Hill, liegt 20 Fahrminuten von Glasgow entfernt.

Von Glasgow ist es mit dem Auto ebenfalls nur ein Katzensprung bis zum Fährhafen Ardrossan, von wo aus die Calmac-Fähre auf die Insel Arran übersetzt. Als Schottland in Miniaturausgabe wird die beliebte Ausflugsinsel oft tituliert. Aufgrund ihrer geografischen Teilung durch die Highland Boundary Fault ähnelt der Norden der Insel mit seinen populären Granitgipfeln den Highlands, während

der fruchtbare und flachwellige Süden an die Lowlands erinnert. In der verträumten Ortschaft Lochranza, wo im Frühjahr der Ginster lodert, wurde 1995 die Isle of Arran Distillery eröffnet. Die Brennerei avancierte schnell zu einer der Hauptattraktionen der Insel. Ihr Besucherzentrum und das vielfältige Erlebnisangebot halfen in den Anfangsjahren, die finanzielle Lücke zu schließen, die der Whisky aufgrund seiner langen Reifungszeit hinterlassen hat.

Blick auf Lochranza, Isle of Arran

Um die südlichste Brennerei Schottlands zu erreichen, die Bladnoch Distillery, durchquert man den Galloway Forest Park, dessen Mischung aus kargen Berggipfeln und ausgedehnten Wäldern an die südlichen Highlands erinnert. Die Küstenlinie wird auch gerne die »schottische Riviera« genannt. Die Brennerei wurde im Jahr 2000 wieder aus dem Schlaf erweckt, 2014 erneut geschlossen und 2017 wieder Besucher aufnehmen.

AUCHENTOSHAN
DISTILLERY AND VISITOR CENTRE
AUCHENTOSHAN
DISTILLERY AND VISITOR CENTRE

Auchentoshan

Die Brennerei der japanischen Firma Suntory ist eine der wenigen in Schottland, die ganz in der Tradition der Lowlands dreifach destilliert. Mit 81% Vol. fließt der Alkohol durch den Whisky-Safe und wird aufgrund seiner süßen, delikaten Noten oft als »Frühstückswhisky« bezeichnet. Die 1827 gegründete Destillerie überblickt am Fuße der Kilpatrick Hills den River Clyde und kann den Aufstieg, Verfall und die Wiedergeburt Glasgows glaubhaft bezeugen. Das schicke und professionelle Besucherzentrum wurde kürzlich um einen Verkostungsraum erweitert. Die Standardführungen werden oft von Studenten geleitet und sind eher durchschnittlich zu nennen.

Dalmuir, Clydebank
Glasgow G81 4SJ
Tel. +44 (0) 1389 87 85 61
www.auchentoshan.com

Führungen: £ 7
ganzjährig Mo-So 10, 12, 13 & 15 Uhr
(1 Dram, Dauer: 1 Std.)

Exerience Tour: £ 30
(3 Drams & 1 Dram Glen Garioch oder Bowmore, Dauer: 1,5 Std., mind. 3 Personen, Anmeldung notwendig)

Ultimate Tour: £ 55
(Masterclass mit 5 Drams und einigen direkt vom Fass, Dauer: 135 min., mind. 3 Personen, Anmeldung notwendig)

Behind closed doors: £ 200 + Eintrittspreis
(Private Führung zu jeder Tages- und Nachtzeit)

Story of Oak: £ 35
(90 min, Warehousetour mit Tasting aus dem Fass)

Tantalizing Tasting: £ 18
(30 min, Verkostung von 4 drams)

Bottle your own: £ 80
(Flaschenabfüllung, tlw. Vergünstigungen in Kombination mit anderen Angeboten)

♥ *Glengoyne*

Dumgoyne, nahe Killearn
Glasgow G63 9LB
Tel. +44 (0) 1360 55 02 54
reception@glengoyne.com
www.glengoyne.com

Trotz unmittelbarer Nachbarschaft zu Glasgow besteht Glengoyne darauf, sich als »Highland Malt« zu bezeichnen. Geografisch durch den Highland Boundary Fault getrennt (eine tektonische Verwerfung), liegen die Produktionsstätten auf der Highlandseite, die Lagerhäuser allerdings in den Lowlands. Die 1833 als Burnfoot Distillery gegründete Brennerei liegt idyllisch am Fuße des Dumgoyne, vom Besucherzentrum überblickt man einen Weiler mit Wasserfall. 2003 ging die Brennerei in den Besitz von Ian Macleod Distillers Ltd. und ist damit eine der wenigen ihrer Art in schottischer Hand. Die Führungen sind ausführlich und enden im dunklen Bauch eines Verkostungs-Cottages.

Führungen: £ 9
März-Nov.: tgl. stdl. 10-16 Uhr
Dez.-Feb.: nur bis 15 Uhr

Wee Tasting Tour: £ 12
(1 Std., Führung + 2 Drams)

Gold Medale Parade: £ 25
(1,5 Std., Führung + 3 drams der Gold Medal Gewinner)

Whisky & Chocolate Tour: £ 25
(1,5 Std., Führung + 2 drams + Schokolade)

Master Blender Session: £ 55
(Blending-Tour mit der Möglichkeit, einen eigenen Blend zu kreieren, Dauer: 1,5 Std., Anmeldung notwendig)

Malt Master Tour: £ 60
(1,75 Std., Masterführung + Blenden eines eigenen Whiskies)

Deanston

Doune FK16 6AG
Tel. +44 (0) 1786 84 30 10
www.deanstonmalt.com

Die Brennerei im Trossachs-Nationalpark hat ein funkelnagelneues Besucherzentrum. Das durch die Monty-Python-Filme berühmt gewordene Doune Castle liegt in unmittelbarer Nachbarschaft. Obwohl sie ganz romantisch am River Teith gelegen ist, sieht die Anlage auf dem ersten Blick wie ein Industriebacksteingebäude in Manchester aus. Innen allerdings erwartet die Besucher ein interessanter Einblick in das Gebäude, das ursprünglich eine Baumwollmühle war und 1965 zur Brennerei umgebaut wurde. Die vier Mühlräder gehörten im 18. Jahrhundert zu den größten in Europa. Der Film »Angel's Share« wurde hier 2011 gedreht. Die Brennerei unterhält einen von drei offenen Maischebottichen in Schottland und produziert als eine von wenigen Destillerien Bio-Whisky. Der Strom wird mithilfe einer Wasserturbine selbst erzeugt, 25 Prozent für den Eigenbedarf und 75 Prozent werden ins öffentliche Stromnetz eingespeist. Der Großteil des Whiskys wird für die Blend-Produktion des Eigentümers Burn Stewart Distillers genutzt, soll aber vermehrt als Single Malt vermarktet werden.

Führungen: £ 9
ganzjährig tgl. stdl. 10-16 Uhr
(2 Drams: £ 10, 3 Drams: £ 18)

Deanston Classic Tour: £ 12
(Führung + 2 Drams)

Tasting Room Tour: £ 20
(Führung + geleitetes Tastig von 3 drams)
Heritage Tour: £ 35
(Spaziergang durch das Dorf, Führung + geleitetes Tastig von 3 drams)
Whisky and Chocolate Tour: £ 23
(3 Whisky tastings + 3 chocolates), für 25£ 4 Whisky tastings + 4 chocholates (1,5 Std.)

Annandale Distillery ♥

Die Wiedergeburt einer Brennerei! Annandale wurde ursprünglich 1836 etabliert und produzierte einen südlichen und getorften Lowland Malt. 1893 gelangte die Destillerie in den Besitz des renommierten Johnny Walker, wurde aber 1919 schliesslich geschlossen. Fast 90 Jahre später begann David Thomson mit der Restaurierung der bestehenden Gebäude und der Planung zukünftiger Destillierung mit einem Budget von £10,5 Mio. Im November 2014 floss der erste New Make Spirit nach 96 Jahren aus seiner Brennblase in Annandale. Zwei Single Malts – Man O Sword und Man O Words – sollen 2018 in Flaschen abgefüllt werden. Auf den Führungen kann man währenddessen den New Make Spirit verkosten.

Northfield, Annan
Dumfriesshire DG12 5LL
Tel.: +44 (0)1461 20 78 17
www.annandale distillery.com

Führungen: £ 8.50
ganzjährig, zu jeder vollen Stunde zwischen 10-16 Uhr

Restoration Tour: £ 15
1,5 Std., jeden Mi 11 Uhr
(Classic Tour mit besonderem Fokus auf der Wiedergeburt der Brennerei)

Distillery Technical Tour: £ 25
2 Std., jeden Mi 14 Uhr
(Distillery Manager Malcolm Rennie führt persönlich durch die Brennerei)

Tour By Distillery Owner Professor David Thomson: £ 50
2 Std. und nur auf Anfrage
(Führung mit dem Eigentümer Professor David Thomson)

Isle of Arran

Lochranza
Isle of Arran KA27 8HJ
Tel. +44 (0) 1770 83 02 64
www.arranwhisky.com

Früher soll es mehr als 50 meist illegale Brennereien auf der kleinen Insel Arran gegeben haben. Die letzte legale, die Lagg Distillery, wurde 1837 geschlossen. Vor diesem historischen Hintergrund wird die Aufregung um die 1995 gegründete Arran Distillery verständlich. Die Brennerei wurde 1997 von Queen Elizabeth während ihrer Hebriden-Rundfahrt mit der Royal Yacht Britannia eingeweiht und gehört heute einer Gruppe privater Aktionäre. Der Whisky wurde bis vor Kurzem noch bei Springbank eingelagert, reift aber mittlerweile in einem neugebauten Lagerhaus direkt neben der Brennerei. Das Besucherzentrum erinnert an eine Art Erlebnispark und ist auf Besuchermassen eingestellt. Großes Dach-Café mit Blick auf Lochranza. Fässer können gekauft und gelagert werden.

Führungen:	£ 7.50
ganzjährig:	tgl. 11:45, 13:15, 14:30

10. Oktober bis Ende Januar geschlossen

Copper Tour:	£ 20 (Führung + 3 Drams)
Gold Tour:	£ 65 (Mo-Fr 11.30, 14:30, Sa 11:30, erweiterte Führung + Tasting von 6 drams)

ÜBERNACHTUNG

The Argyll Hotel

973 Sauchiehall Street
Glasgow G3 7TQ
Tel. +44 (0) 141 3 37 33 13
www.argyllhotel
glasgow.co.uk

Karierte Vorhänge, gemütliche karierte Kissen in schottischer Tradition und ein üppiges Frühstück. In der Sutherland Bar werden regelmäßig Whisky-Tastings veranstaltet. Der Fußweg in die City dauert 20 Minuten.

Kilmichael Country House Hotel

Glen Cloy, nahe Brodick
Isle of Arran KA27 8BY
Tel. +44 (0) 1770 30 22 19
enquiries@kilmichael.com
www.kilmichael.com

In den Badezimmern wuchern Blumentapeten, die Möbel sind Unikate – so auch das imposante Mahagoni-Himmelbett in der Gartensuite. Umgeben von ausgedehnten Parkanlagen und dank eines aufwendigen Dekors ist das kultivierte Landhotel zwar nicht kinderfreundlich, aber ein Ort zum Entspannen. Das Pfauengeschrei im Garten belebt die Stille.

15Glasgow

Wunderschöne originale Stuckdecken und schlichte, geschmackvolle Eleganz im Dekor. Gleichzeitig zeigen sich die edel eingerichteten Zimmer verschwenderisch groß. Frühstück wird auf dem Zimmer serviert. Laura McKenzie, die Besitzerin hat an jedes Detail gedacht, *first class*!

15 Woodside Place
Glasgow G3 7QL
Tel. +44 (0) 141 3 32 12 63
www.15glasgow.com

Alamo Guest House

Das in einer stillen Seitenstraße am Kelvingrove Park und Museum gelegene Gästehaus wird von Emma und Steve Gray bewirtschaftet. Die elegante viktorianische Stadtvilla glänzt mit großen geschmackvollen Zimmern, antiken Holzmöbeln und Komfort. Fragen Sie nach Zimmer 12, der Luxus-Suite mit aufwendig restaurierter Stuckdecke.

46 Gray Street
Kelvingrove
Glasgow G3 7SE
Tel. +44 (0) 141 3 39 23 95
www.alamo
guesthouse.com

Brodick, Isle of Arran

The Sisters Kelvingrove

36 Kelvingrove Street
Kelvingrove
Glasgow G3 7RZ
Tel. +44 (0) 141 5 64 11 57
jak@thesisters.co.uk
www.thesisters.co.uk

Die beiden Schwestern Jacqueline and Pauline O'Donnell unterhalten zwei der besten Restaurants für schottische *haute cuisine* in Glasgow, eines in der City, das andere, besonders empfehlenswerte, im Stadtteil Kelvingrove. Geräucherter Lachs mit Krebs- und Apfelsauce, Sirloin-Steak und Ragout aus Wildpilzen, Butterbohnen und Röstkastanien.

The Pot Still

154 Hope Street
Glasgow G2 2TH
Tel. +44 (0) 141 3 33 09 80
frank@thepotstill.co.uk
www.thepotstill.co.uk

Wunderbare kleine Whiskykneipe in den Gemäuern einer alten Weinhandlung, zu der man wieder und wieder kommt. Während man aus 450 verschiedenen Flaschen Single Malt wählt, kann man sich in ein fachsimpelndes Gespräch mit dem Besitzer Frank Murphy vertiefen und von dessen enzyklopädischen Whiskywissen profitieren.

MacSorley's Music Bar

42 Jamaica Street
Glasgow G1 4QG
Tel. +44 (0) 141 2 48 85 81
info@macsorleys.com
www.macsorleys.com

MacSorley's beschreibt sich selbst als »Music Bar«, tut sich aber auch mit gutem Essen und einer stattlichen Auswahl an Single Malts hervor. Unter den Whiskys finden sich auch einige *cask strength* Malts – und auf dem Tresen steht ein kleines Fass des neun Monate alten Abhainn Dearg von der Isle of Lewis.

The Lismore

Über die Jahre hat die Kneipe im Glasgower Westend einige Preise als »Whisky Bar of the Year« einheimsen können, und mit über 150 Whiskys hat man definitiv genug Auswahl. Die Eichenholzverkleidungen, gälischen Sprüche, Bilder und Buntglasfenster sorgen für ein heimeliges Gefühl. Zusätzlich gibt es eine feine Auswahl an Fassbier und spontane Folk-Musik-Sessions.

206 Dumbarton Road
Glasgow G11 6UN
Tel. +44 (0) 141 5 76 01 03

Òran Mór

Statt frommer Gottesdienste floriert im Bauch der früheren Church of Scotland versteckt eine ketzerische, gut bestückte Whiskybar. Zu den 250 Malts gesellt sich jeden Monat ein neuer Whisky. Daneben veranstaltet das Kulturzentrum Òran Mór – gälisch für »das große Lied« – Konzerte, Theater und Quiz-Abende. Im Restaurant wird Frühstück sowie zum Lunch und Abendessen eine große Auswahl an feinen Burgern, Pasta und schottischen Klassikern serviert.

Byres Road
Glasgow G12 8QX
Tel. +44 (0) 141 3 57 62 00
info@oran-mor.co.uk
www.oran-mor.co.uk

Café Gandolfi

64 Albion Street
Glasgow G1 1NY
Tel. +44 (0) 141 5 52 94 75
www.cafegandolfi.com

1979 am alten Käsemarkt eröffnet, war das Restaurant eine der ersten Umbauten der heute wieder lebendigen Merchant City. Das rustikale Holz-Interieur wurde vom Glasgow School of Art Künstler Tim Stead entworfen. Die bunte internationale Küche mit schottischer Neigung gewinnt Jahr für Jahr Preise. Großartige Auswahl an Wein und Whisky.

Ben Nevis

1147 Argyle Street
Glasgow G3 8TB
Tel. +44 (0) 141 5 76 52 04
www.thebennevis.co.uk

Die perfekte Kombination aus erlesenem, modernem Geschmack und gleichzeitig traditionellem Charme. Die Whiskybar im Westend von Glasgow ist für seine Folk Music Abende, die über 180 Whiskies und gute Auswahl an Real Ales bekannt und gerade in den späteren Abendstunden zum Bersten voll. Einziger Minuspunkt: Es gibt keine Whiskykarte und die Flaschen sind zum Teil recht weit oben platziert, so dass man die Labels kaum lesen kann und viele Fragen stellen muss. Livemusik jeden Mittwoch, Donnerstag und Sonntag ab 21 Uhr.

Whisky Live

Die Whiskymesse wird in vielen großen Städten der Welt veranstaltet. Destillateure, Blender, Abfüller, Journalisten, Gurus und Sammler drängen sich um die Stände und suchen – das Glas schon in der Hand – nach besonderen Tropfen.

www.whiskylive.com

Eintritt: ca. £ 20/Veranstaltung

Glasgow's Whisky Festival

Das noch relative junge Festival findet seit 2010 jedes Jahr im November statt. Tatort: Underground – The Arches, eine Kunst-, Theater- und Musikbühne in den Ziegelgewölben eines Eisenbahnviadukts.

The Arches
253 Argyle Street
Glasgow G2 8DL
Tel. +44 (0) 141 5 65 10 00
www.glasgowswhisky festival.com

Eintritt: £ 35

Whisky Tastings

23 Bath Street
Glasgow G2 1HW
+44 (0) 141 2 58 84 27
info@thegoodspiritsco.com
www.thegoodspiritsco.com

The »Good Spirit Company« organisiert an Freitagen und Samstagen Verkostungs-Abende in dem eigens für diesen Zweck gebauten Tastingroom im hinteren Teil des Whiskyladens. Die Themen umkreisen Bier-, Port-, Gin- und Rumverkostungen ebenso wie reguläre Whisky-Abende. Diese können verschiedene Abfüllungen einer Brennerei erkunden aber auch Schwerpunkte haben wie »Whisky and Gaelic«, wo die Beziehung des schottischen Lebenswassers mit der gälischen Sprache erläutert wird.

The Good Spirits Co.

Glasgows neues, leuchtendes Spezialgeschäft für Whiskys und Spirituosen wurde von einem whiskyenthusiastischen Trio mit Erfahrung in der Getränkeindustrie eröffnet. Kubanische Zigarren vervollkommnen das Angebot an Drinks. Professionelle Beratung und zentrale Lage.

23 Bath Street
Glasgow G2 1HW
+44 (0) 141 2 58 84 27
info@thegoodspiritsco.com
www.thegoodspiritsco.com

The Whisky Shop

Mit 22 Whiskyläden in ganz Grossbritannien ist diese Kette eine der grössten Whisky-Retailer des Landes. In der Einkaufspassage Buchanan Galleries positioniert, werden hier mehr als 400 verschiedene Whiskies verkauft. Die Flaschen können natürlich auch online bestellt werden.

220 Buchanan Street
Glasgow G1 2FF
+44 141 331 0022
www.whiskyshop.com

Robert Graham

Whisky und Zigarren – die klassische, fast schon klischeehafte Kombination. Neben Tabak und Spirituosen werden in den Filialen in Glasgow, Edinburgh, Cambridge und London auch Wein und Kakao verkauft. In Glasgow, das im 19. Jahrhundert durch die transatlantischen Verbindungen als Händlerstadt par exellence galt, eröffnete Tabakbaron Sir Robert Graham den ersten Laden im Jahre 1874. Schon bald besass er mehr als 20 Geschäfte in der Stadt. Davon ist allerdings heute nur noch einer übrig, der allerdings 140 jahre Tradition nachweisen kann.

111 West George Street,
Glasgow, Scotland G2 1QX
+44 (0)141 248 7283
www.whisky-cigars.co.uk

Littlemill Distillery

126 Dumbarton Road
Bowling G60 5BG

Schottlands größte Stadt war erstaunlicherweise früher größer als heute und das Zuhause vieler Brennereien, die oft nicht lang genug produzierten, um das 20. Jahrhundert mitzuerleben. Eine erst kürzlich geschlossene Brennerei im Stadtteil Bowling des Vorortes Dumbarton ist Littlemill, deren Whisky man immer noch kaufen kann. Die Brennerei wurde 1772 gebaut und beanspruchte Schottlands älteste Destillerie zu sein. 1994 kam dann schließlich das Aus. Einige Gerüchte besagten zwischenzeitlich, das eine Wiederaufnahme der Produktion in Planung war. Diese Hoffung wurde jedoch zerstört, als bei einem Feuer 2004 der Großteil der Gebäude vernichtet wurde.

links: Glasgow

ARD

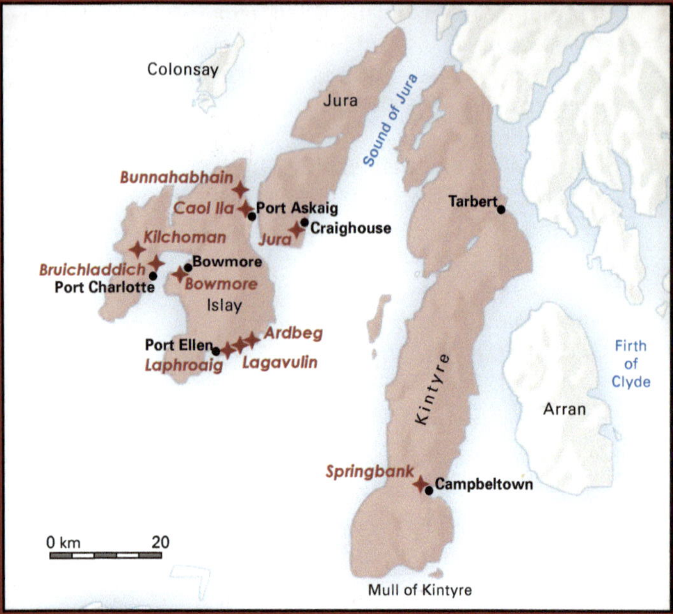
Colonsay
Jura
Sound of Jura
Bunnahabhain
Caol Ila
Port Askaig
Craighouse
Jura
Kilchoman
Bruichladdich
Port Charlotte
Bowmore
Bowmore
Islay
Tarbert
Ardbeg
Port Ellen
Laphroaig
Lagavulin
Kintyre
Firth of Clyde
Arran
Springbank
Campbeltown
0 km
20
Mull of Kintyre

ISLAY, JURA & KINTYRE

An der sanft hügeligen Südwestküste Schottlands findet man einige der großen Charaktere der Whiskywelt: den vollen und öligen Springbank, torfigen Ardbeg und den rauchig-süßen Lagavulin. Fast alle Brennereien liegen direkt am Atlantik. Die Halbinsel Kintyre, deren Hauptstadt Campbeltown zu den klassischen historischen Whiskyregionen gezählt wird, wurde 1977 von Paul McCartney in seinem Song »Mull of Kintyre« berühmt gemacht. Vertont mit einheimischen Dudelsackspielern wurde das Lied zur Hymne auf seine Heimat, sein Kleinod am »Ende des Landes«. Grünes Farmland und ein vom Golfstrom begünstigtes Mikroklima bieten tatsächlich das Flair einer Halbinsel am Ende der Welt. Die größte Siedlung auf Kintyre, Campbeltown, war früher der Nabel der Whiskyproduktion. Hier haben sich die Fischer angeblich mithilfe der Destilliergerüche der 30 Brennereien durch die notorischen Nebelbänke zurück zum Hafen navigiert. Heute produzieren nur noch drei Destillerien, von denen die Springbank Distillery eine der interessantesten Führungen in Schottland anbietet.

Von Kintyre, Kennacraig dauert die Fahrt auf der funkelnagelneuen Calmac-Fähre »Finnlaggan« gute zwei Stunden bis nach Port Askaig auf Islay. Die Touristen an Bord unterteilen sich in jene, die sich an der Schiffsbar mit dem »Malt des Monats« auf das bevorstehende Connaisseur-Gelage einstimmen, und jene, die mit dem Feldstecher den Himmel nach Gefiedertem absuchen. Für Ornithologen hat die »Königin der Hebriden« mit über 180 Arten eines der reichsten Vogelleben der schottischen Inseln – für die Enthusiasten von *uisge beatha* einige der besten und charaktervollsten Whiskys der Welt. Ihre Essenz ist Torf, das vom Salz des Atlantik durchdrungen wurde und auf der Insel reichlich vorhanden ist. Im Gegensatz zu anderen Gebieten, wo der Torf großflächig maschinell abgebaut wird, sticht man ihn hier noch auf traditionelle Weise mit Stiekern und Stecheisen. Die mit Torf gemälzte Gerste und das brauntorfige Wasser verliehen den Islay-Whiskys früher schon ihren unverwechselbaren Charakter.

Heute ist die weltweite Nachfrage nach den kräftigen, torfig-rauchigen Islays als Single Malts und Blend-Zutat kaum zu decken. Mit elegant-geschmackvollen Besucherzentren, Cafés und professionellem Marketing sind die Brennereien ganz auf den Whiskytourismus eingestellt. Und auch für die kulinarischen Bedürfnisse hält Islay einiges an Genussmöglichkeiten bereit. Frisch gefangene

Hummer, Austern und Kammuscheln, Rind- und Wildspezialitäten werden in den wenigen, aber feinen Restaurants zubereitet.

Blick auf Jura

Nur 180 Menschen leben auf der Nachbarinsel Jura. Ihre ungastliche Wildnis und grau-braune Kolorierung ziehen im Sommer nur Tagesaufflügler von Islay und abgehärtete Bergsteiger an. Mit Hubschrauber oder Yacht werden zahlungskräftige Gäste auf der »Hirschinsel« zum Jagen und Angeln ausgesetzt. An der Nordspitze, wo George Orwell 1949 auf Barnhill Farm seine Zukunftsvision »1984« schrieb, schäumt und kocht das Meer im berüchtigten Gezeitenstrudel des Corryvreckan Whirlpool. In Craighouse, dem verträumten Hauptort der Insel, bietet die Isle of Jura Distillery, die einzige Brennerei auf Jura, kostenlose Touren und Whiskyverkostungen an.

TORF

23 Prozent der schottischen Landschaft sind mit Heidetorfmooren bedeckt. Das mehrere Tausend Jahre alte organische Sediment wird in einigen Regionen der Highlands und Inseln noch heute als Brennstoff verwendet. Traditionell wird der Torf mit Stiekern und Stecheisen in schmalen Streifen gestochen und in sogenannten Horden zum Trocknen ausgelegt. Auf Islay liegen links und rechts der Straße die in Reihen geschichteten Briketts. Hier kann man auch an Torf-Workshops teilnehmen.
Bei der Whiskyproduktion wird die zur Keimung gebrachte Gerste je nach Rauchigkeit der Whiskys über Heißluft oder einem Torffeuer gedarrt. Je rauchiger der Whisky desto länger war das Malz dem Torfrauch ausgesetzt. Der Rauchgehalt wird in ppm (parts per million) angegeben und kann von modernen Mälzbetrieben genau berechnet werden.

DESTILLERIEN

Die acht Brennereien Islays liegen an unvergleichlich schönen Plätzen und alle – bis auf die Farmdestillerie Kilchoman – direkt am Meer. Jede ist auf ihre Weise interessant. Achtung: Im Juli und August ist die sogenannte *silent season*. Dann sind die Brennereien zwar für Besucher geöffnet, produzieren aber aufgrund von Wasserknappheit und Wartungsarbeiten nicht.

Springbank

TIPP

Die Brennerei in Campbeltown auf der Halbinsel Kintyre ist die älteste Whiskydestillerie Schottlands in unabhängigem Familienbesitz. Es ist nicht die malerischste Brennerei, aber sicher die mit dem meisten Charakter! Während andere Whiskybrennereien gefallen wollen und Tausende von Touristen durch die frisch gepinselten Anlagen drängeln, wirkt bei Springbank alles sehr ehrlich und gerade darum interessant. Hier wird zuallererst gearbeitet und Whisky produziert, und das in einer dunklen, feuchten und alternden Fabrik mit uralten Gerätschaften – und ohne viel Gewese darum zu machen.
Die sehr fachkundige und sehr persönliche Führung durchläuft den gesamten Prozess der Whiskyherstellung, vom

85 Longrow
Campbeltown,
Isle of Kintyre PA28 6EX
Tel. +44 (0) 1586 55 17 10
www.springbank
distillers.com

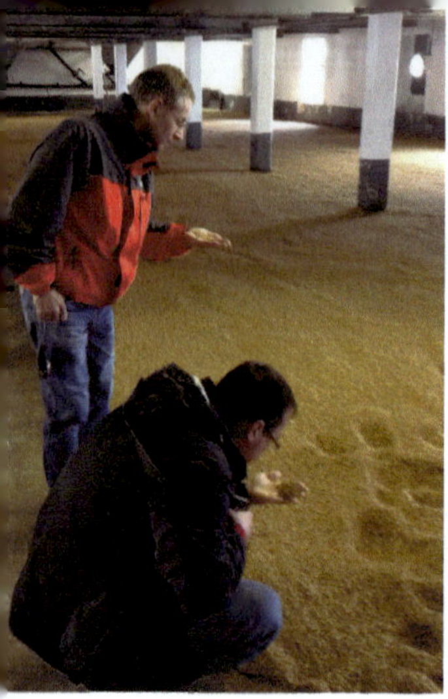

Mälzen über das Darren bis zur Lagerung. Ins Warehouse wirft man nicht nur einen flüchtigen Blick durch Glasscheiben, hier kann man durch die weiten, alkoholfeuchten Gänge zwischen den Whiskyfässern lustwandeln. Springbank ist übrigens eine der zwei letzten Brennereien in Schottland, in der der gesamte Prozess der Whiskyherstellung – vom Mälzen bis hin zur Abfüllung – vor Ort geschieht. So kommt man sogar in den Genuss, die Gerste beim Keimen zu sehen. In der Brennerei werden abwechselnd drei verschiedene Whiskys produziert: Springbank (die populärste Variante), Longrow (ein stark getorfter Whisky) und Hazelburn (der ungetorfte, dreifach destillierte Whisky, der nach einer alten Campbeltown-Brennerei benannt wurde). Fast der gesamte Whisky wird als Single Malt verkauft. Springbank ist ebenso Eigentümer von Cadenhead's, dem ältesten unabhängigen Abfüller von Schottland. Im geschmackvollen Tasting Room kann man daher nicht nur die hauseigenen Abfüllungen probieren, sondern auch Single Malts von anderen Brennereien und delikaten Rum.
Die Nachbarbrennerei Glengyle besitzt zwar kein Besucherzentrum, kann aber

im Rahmen der Springbank & Glengyle Tour besichtigt werden. Im Jahre 2000 begannen die Eigentümer von Springbank die 1872 gebaute und in den 1920er-Jahren geschlossene Glengyle Distillery zu renovieren. Neue Brennblasen, Maische- und Gärbottiche und eine Mühle wurden aus anderen Brennereien zusammengetragen und neu installiert. Vier Jahre später begann die Produktion. Der Whisky wurde 2014 zum ersten Mal abgefüllt und wird unter dem Namen Kilkerran vermarktet. Der Name wurde gewählt, da die alten Campbeltown-Brennereien anders als in der Speyside traditionell nicht nach einem »Glen«, einem Tal, benannt werden. Außerdem heißt bereits ein Vatted Malt aus den Highlands *Glengyle*, und es war nicht möglich, die Namensrechte zu kaufen.

Führungen: £ 7
ganzjährig Mo-Sa 10 & 13:30 Uhr

Springbank & Michell's Glengyle Tour:
£ 12
ganzjährig Mo-Sa 10 & 13:30 Uhr
(Führung durch Springbank und anschließender Besuch von Glengyle)

Taste It: £ 15
(normale Springbank-Tour plus erweitertes Tasting)

Cadenhead's Warehouse Tasting:
Fassverkostung von 6 Cadenhead's Whiskys direkt aus dem Fass £ 30
(nur mit Voranmeldung)

Bowmore

School Street
Bowmore,
Isle of Islay PA43 7JS
Tel. +44 (0) 1496 81 06 71
bowmore.distillery@
morrisonbowmore.co.uk
www.bowmore.com

Die rustikale Brennerei, die 1994 von der japanischen Getränkefirma Suntory übernommen wurde, destilliert seit 1776 und ist die älteste Brennerei der Insel. Während der Weltkriege eingemottet, diente sie der RAF als Basis für Flugbootmanöver. Die beim Brennen entstehende Wärme beheizt das angrenzende Insel-Schwimmbad. Großzügige Verkostung von drei Standardabfüllungen mit der wohl besten Aussicht Schottlands!

Führungen:	£ 7
Jan.-März:	Mo-Fr 10:30, 15 Uhr; Sa 9:30 Uhr
April-Sept.:	Mo-Sa 9:30,10:30, 11:30, 14:30 und 15:30
Okt.-Dez.:	Mo-Fr 10:30, 15 Uhr; Sa 9:30 Uhr

Tasting Session: Mo-Fr 13:30, £ 20
(4 drams, Mo-Fr 13:30)

Craftsman's Tour: £ 55

ganzjährig	Mo-Do (Anmeldung notwendig)

(erweitertes Tasting und die Chance, das Lagerhaus No. 1 Vault unterhalb des Meeresspiegels zu sehen)

Bruichladdich

Die moderne Brennerei hat ihr Motto in großen blauen Lettern an ihr Stillhouse, wo die Brennblasen stehen, gemalt: »Progressive Hebridean Distillers«. Die optimistische, der Zukunft zugewandte Stimmung spiegelt sich auch in der fröhlichen Herzlichkeit der Angestellten wider. Nach der Schließung 1994 wurde die Brennerei 2000 von Mark Reynier wiedereröffnet und ist heute mit 43 Angestellten der größte private Arbeitgeber auf Islay. Das zum Teil original viktorianische Equipment sowie die Flaschenabfüllanlage sind äußerst sehenswert. Unter Production Manager Jim McEwan wird mit einer Vielzahl unterschiedlicher Abfüllungen experimentiert – das Ergebnis ist zum Beispiel Octomore, der torfigste Whisky der Welt. Seit Neuestem wird hier auch Gin destilliert. Abfüllungen aus dem Fass sind im Shop erhältlich.

Bruichladdich,
Isle of Islay PA49 7UN
Tel. +44 (0) 1496 85 01 90
mary@bruichladdich.com
www.bruichladdich.com

Führungen:	£ 5
April-Sept.:	Mo-Fr 10, 11, 13, 14 & 16 Uhr; Sa 10, 11, 13 & 14 Uhr; So 13 & 14 Uhr
Okt.:	Mo-Fr 10, 11, 13 & 15 Uhr; Sa 10, 11, 13 & 14 Uhr
Nov.-März:	Mo-Sa 10 & 14 Uhr

Neu: Warehouse Experience: £ 25 (Mo-Fr 12:00, 15:00, Sa 12:00)

Kilchoman

Rockside Farm,
Isle of Islay,
Bruichladdich PA49 7UT
Tel. +44 (0) 1496 85 00 11
www.kilchoman distillery.com

Es hat 124 Jahren gedauert, bis auf Islay wieder eine Brennerei gebaut wurde. Die jüngste Brennerei der Insel hat 2005 den ersten Whisky destilliert und 2009 dreijährig auf den Markt gebracht. Getreu dem Vorbild traditioneller Farmbrennereien wird ein Teil der Gerste selbst angebaut und gemälzt. Im geschmackvollen kleinen Café wird die beste Cullen Skink (Räucherfischsuppe mit Sahne) und selbstgebackener Kuchen aufgetischt. Im Besucherzentrum fällt die Begrüßung manchmal leider etwas frostig aus.

Führungen:	£ 6
ganzjährig	Mo-Do 11, 15:30 Uhr, Fr. 11:00, 15:00 Sa 10:00, 15:30
Premium Tour:	£ 25
	Mo 13 Uhr (1,5-2 Std.)

(erweiterte Führung & Verkostung verschiedener Drams)

Laphroaig

TIPP

Port Ellen,
Isle of Islay PA42 7DU
Tel. +44 (0) 1496 30 24 18
www.laphroaig.com

Die erste der drei südlichen Islay-Brennereien produziert den Lieblingswhisky von Prince Charles und darf sich als einzige Brennerei Schottlands mit dem Royal Warrant, der königlichen Urkunde für Hoflieferanten schmücken. Während der amerikanischen Prohibition war Laphroaig einer der wenigen Whiskys mit steigendem Export, da man seinen Seetang- und Jodaromen in Amerika medizinische Eigenschaften zuschrieb. Die legendäre Managerin Bessie Williamson leitete Laphroaig in den 1950er Jahren als eine der ersten Frauen in der Whiskyindustrie. Die Führungen führen über den Kiln und das traditionelle Mälzhaus bis zur Fassbefüllungsanlage, wo man eine Probe aus dem Fass verkosten kann. Das Willkommen ist warm und familiär, und man kann verkosten, was der Gaumen begehrt.

Führungen: £ 6
Mo-So 10 Uhr, 14 Uhr

Flavour Tasting: £ 15
ganzjährig Mo-Fr 11:45
(Verkostung von drei Whiskys mit Snacks in der Lounge)

Distiller's Wares: £ 60
ganzjährig Mo-So 10 Uhr
(Führung und Warehouse-Verkostung von Whiskys direkt aus dem Fass, Abfüllung einer eigenen 250-ml-Flasche aus einem Fass nach Wahl)

Water to Whisky Experience: £ 90
März-Sept.: Mo-Fr 12 Uhr
(geführter Spaziergang zur Wasserquelle, Picknick, angeleitetes Torfstechen und Führung durch die Brennerei plus mehrere Drams und Abfüllung einer eigenen 250-ml-Flasche aus einem Fass nach Wahl)

Premium Tasting: £ 30
Mo-So 15:15 (1 Std., 4 drams)

Lagavulin

Port Ellen,
Isle of Islay PA42 7D
Tel. +44 (0) 1496 30 27 30
www.discovering-distilleries.com/lagavulin

Nur eine Meile von Laphroaig entfernt destilliert die nicht minder berühmte Nachbarbrennerei eine weitere Koryphäe der rauchigen Whiskys. 1908 wurde hier die Maltmill Distillery mit dem Ansinnen errichtet, das einzigartige Rezept von Laphroaig zu kopieren. Obwohl die Kopie des berühmten Whiskys scheiterte, produzierte Malt Mill noch bis 1962 torfigen Whisky, bis die Gebäude der alten Destillerie mit dem Bau der neuen Lagavulin-Brennerei verbunden wurden. Lagavulin gehört heute dem Spirituosenkonzern Diageo, der den Whisky als Teil seiner Classic Malt Serie vermarktet. Ein Muss: die Warehouse-Führung. Ian Macarthur

lässt gewitzt und kenntnisreich direkt aus dem Fass verkosten. Zehn, 14, 18 Jahre und New Make – und unvergesslich ist der 1966er! Auf einer Landzunge vor der Brennerei erzählt die Ruine von Dunyvaig Castle Geschichten aus dem 16. Jahrhundert.

Nov-Feb:	Mo-Sa 10-16 Uhr
März-April:	tgl. 9-17 Uhr
Mai-Aug:	Mo-Fr 9-18 Uhr;
	Sa-So 9-17 Uhr
Sep-Okt:	9-17 Uhr

Führungen:	£ 6
März-Okt.:	tgl. 9:30, 11:30 & 15:30
Nov.-Feb.:	Mo-Sa 12:30 Uhr

(Glas und Eintritt bei der Caol Ila Distillery inklusive)

Warehouse Tasting:	£ 15
ganzjährig	Mo-Fr 10:30
Warehouse Demonstration:	£ 23
(nicht Tasting)	Mo-Fr 10:30
Premium Tasting:	£ 23
(tgl 13:30, Führung + 5 drams)	
Neu: Whisky & Chocolate:	£ 23
(5 drams mit Schokolade, auf Anfrage)	

Ardbeg

Port Ellen,
Isle of Islay PA42 7EA
Tel. +44 (0) 1496 30 20 40
www.ardbeg.com

Die Brennerei, die laut eigenen Angaben den torfigsten Whisky der Welt produziert, wurde 1815 gebaut und belieferte den Großteil ihres Bestandes an die Blend-Industrie. 1981 wurde die Produktion mit dem Verlust von 18 Arbeitsplätzen zum erste Mal eingestellt, 1991 ein zweites Mal. 2005 stilisierten die neuen Eigentümer Moët Hennessy und Louis Vuitton den für seinen Torfgehalt berühmten Ardbeg mit cleverem Marketing zur Ikone. Dem mondänen Modelabel gemäß regieren seitdem Designer-Chic und überteuerte Preise für Abfüllungen ohne Altersangaben. Das Café in der umgebauten Darre bietet exquisite Kost: Feine Suppen, Sandwiches, Stews (Schmorgerichte) und variierende lokale Spezialitäten werden hier geschmackvoll serviert.

Touren nur an folgenden Tagen:

Nov.-März:	Mo-Fr
April-Ostern, Okt.:	Mo-Sa
Ostern-Sept.:	tgl.

Führungen: £ 5
12 & 15:30 Uhr
(Anmeldung empfohlen)

Ardbeg Full Range Tour and Tasting: £ 20
tgl. 10:30 Uhr
(Führung und Verkostung der gesamten Ardbeg-Serie)

Ardbeg across the decades: £ 35
April-Okt.: Di/Do/Sa 14 Uhr
(geschichtsorientierte Führung und Verkostung von seltenen Drams aus den 70er, 80er und 90er Jahren)(2 Std.)

Deconstructing the Dram: £ 35
April-Okt.: Mo, Mi & Fr 14 Uhr
(Verkostung der Maische, der Würze und direkt aus dem Fass)(2 Std.)

Caol Ila

Die zweite Islay-Brennerei des Spirituosen-Giganten Diageo überblickt den Islay Sund und die Bergkette Paps of Jura auf der Nachbarinsel von einer versteckten, malerischen Bucht in der Nähe von Port Askaig aus. Die größte Brennerei der Insel wurde 1846 von Hector Henderson, einem Geschäftsmann aus Glasgow gebaut und während des Zweiten Weltkriegs geschlossen, als es Restriktionen in der Gerstezulieferung gab. Die in den 1970er-Jahren eingerissenen Gebäude machten einer größeren Produktionsstätte Platz, die 2011 erneut erweitert wurden. Der oft als salzig, medizinisch und pfefferig beschriebene Whisky wird vornehmlich für Blends wie Johnnie Walker und Black Bottle verwendet. Die Führungen sind mäßig interessant, allerdings sind im Eintritt von £6 ein Whiskyglas und der Eintritt bei der Lagavulin Distillery enthalten.

Port Askaig,
Isle of Islay PA46 7RL
Tel. +44 (0) 1496 30 27 69
www.discovering-distilleries.com

Führungen:		£ 6
März-Okt.:	Mo-Fr 9:30, 13:30, 15:30 Sa/So 9:30 & 15:30 Uhr	
Sept.-Okt.:	So geschlossen	
Nov.-Feb:	Di-Sa 10:30 Uhr	

Neu: Chocolates & Malts:		£23
März-Okt:	tgl. 11 Uhr	

Premium Tasting:		£ 23
März-Okt.:	tgl. 14 Uhr	
Nov.-Feb:	Di-Sa 14 Uhr	

(Verkostung von 5 Whiskys)

Bunnahabhain

Port Askaig,
Isle of Islay PA46 7RP
Tel. +44 (0) 1496 84 06 46
www.bunnabhain.com

Allein die Lage ist einen Besuch wert! Idyllisch an einem Kieselstrand am Ende einer langen, gewundenen Straße ruhend, besticht die 1881 gebaute Brennerei mit reizvollen Ausblicken auf den wilden Norden, die Insel Jura und Rhuvaal Lighthouse. Ernüchternd wirkt lediglich der graue, etwas verwitterte Anstrich und ihre wuchtig-industrielle Architektur. Der aufgrund seines geringen Phenolgehalts lange Zeit als Islay-untypisch verschriene Whisky begeistert in den letzten Jahren mit neuen geschmeidig-öligen Abfüllungen, getorften Experimenten wie Toiteach (übersetzt: rauchig) und zahlreichen interessanten Expressionen unabhängiger Abfüller. VIP-Führungen und Verkostungen sind mit Voranmeldung möglich.

Führungen: £ 7
Ganzjährig Mo-Sa 10:00, 11:30, 13:00, 14:30, 16:00

Warehouse Tasting Tour: £ 25
Mo-Sa 11:00, 14:00
(3 dram aus dem Fass)

Manager's Tour: £ 100
März-Okt.: Di 14:30 Uhr
(Führung mit dem Destillerieleiter, Verkostung von 5 Whiskys, Dauer: 2 Std., Anmeldung notwendig)

Jura

Craighouse,
Isle of Jura PA60 7XT
Tel. +44 (0) 1496 82 03 85
sue.pettit@isleofjura.com
www.isleofjura.com

Die Nachbarinsel von Islay, die Isle of Jura, ist das Resultat einer einzigartigen Geologie und besteht fast vollständig aus konischem Quarzit. Von der Pier führt die einzige Straße zur Siedlung Craighouse. Hier blicken ein paar weißgetünchte Häuser, das einzige Hotel und die Destillerie durch ein paar Palmen hindurch verträumt aufs Meer. Obwohl Connaisseure die karamellisierte 10-Jahre-Standardabfüllung unbeachtet lassen: Einen Besuch ist die 1810 von den Campbells an einer alten Schmugglerhöhle errichtete Brennerei trotzdem wert. Nach 1900 dem Verfall anheim gegeben, bauten zwei Einheimische die Brennerei Ende der 1950er Jahre wieder auf. Sie ist heute der Hauptarbeitgeber der Insel. Die Führungen und Verkostung sind kostenlos. Einige Einzelfassabfüllungen sind erhältlich, ein Warehouse Tasting mit Anmeldung möglich.

Führungen: £ 6
April-Okt.: Mo-Fr 11 & 14 Uhr
Nov.-März: Mo-Fr 11 & 14 Uhr

Warehouse Tasting:
Anmeldung notwendig

Sweet and smoky experience: £ 15
(5 Drams, Mo/Do/Sa 10:00)

Neu: Connoisseur's Tour: £ 25
(4 Drams, Mi/Fr 14:45)

ANREISE & ÜBERNACHTUNG

Kintyre erreicht man über eine drei- bis vierstündige Autofahrt von Glasgow. Von hier setzt man mit der Fähre auf die Insel Islay über. Die Überfahrt dauert ca. zwei Stunden, die Fähren verkehren dreimal täglich. Die Insel Jura ist nur über eine viertelstündige Fährfahrt von Islay zu erreichen. Auf Islay gibt es nur eine Handvoll Hotels und eine etwas größere Anzahl an B&Bs. Dafür ist die Auswahl an z.T. luxuriösen Ferienwohnungen beachtlich.

Eine hilfreiche Übersicht:
www.accommodation.
islayinfo.com

Touristeninformation
(Bowmore, Mo–Fr):
Tel. +44 (0) 87 07 20 06 17

Weitere Informationen:
www.islayinfo.com

Port Charlotte Hotel

Das beste Hotel der Insel mit feiner Küche. Ein exzentrischer Kellner trägt delikate *haute cuisine* wie Hummer, Rehbraten und Kammuscheln auf. Die angrenzende Bar gibt sich etwas bodenständiger. *Bar meals* und manchmal Livemusik. Whisky-Pub des Jahres 2009. Die üppige Auswahl an Islay Malts ist verlockend, die Preise sind es weniger.

Port Charlotte,
Isle of Islay PA48 7TU
Tel. +44 (0) 1496 85 03 60
www.portcharlottehotel.
co.uk

Kilmeny Country House

Luxuriöse Fünf-Sterne-Landhauspension inmitten von 120 Hektar Farmland. Geschmackvolles antikes Möbiliar, Ausblicke ins Grüne, ausgesuchter Komfort und himmlische Ruhe.

Ballygrant,
Isle of Islay PA45 7QW
Tel. +44 (0) 1496 84 06 68
www.kilmeny.co.uk

Kintra Farm

Port Ellen,
Isle of Islay PA42 7AT
Tel. +44 (0) 1496 30 20 51
www.kintrafarm.co.uk

Für Stille- und Erholungssuchende. Recht abgelegenes, an einem wunderschönen Sandstrand mit Dünen gelegenes traditionelles Farmhaus. Die Besitzerin Mrs MacTaggert spricht gälisch und trägt das beste selbstgebackene Shortbread der Insel auf.

Port Charlotte Hostel

Port Charlotte,
Isle of Islay PA48 7TX
Tel. +44 (0) 1496 85 03 85
www.syha.org.uk/hostels/islands/port_charlotte,_islay/-islay.aspx

Im malerischen Ort Port Charlotte blickt das gemütliche, freundliche Hostel des SYHA-Jugendherbergsverbands träumerisch über Loch Indanal und einen weißen Sandstrand. Das Gebäude war früher ein Warehouse der stillgelegten Lochindaal Distillery. Große Küche, Aufenthaltsraum und herzliche Wirte.

PUBS & RESTAURANTS

Harbour Inn

Feine, erlesene *haute cuisine*. Lokale Austern, Hummer und Kammuscheln aus Portnahaven, Wild von der Insel Jura, Rind und Schaf von den umliegenden Farmen. Dazu atemberaubende Ausblicke vom Wintergarten über die Bucht.

The Square
Bowmore,
Isle of Islay PA43 7JR
Tel. +44 (0) 1496 81 03 30
www.harbour-inn.com

Lochside Hotel

Als Unterkunft seit der Rennovierung 2016 wieder zu empfehlen und zur Verköstigung allemal. Schottische Restaurant-Klassiker zu angemessenen Preisen. In der Bar findet man über 300 Whiskys und die wahrscheinlich beste Auswahl an Islay Malts auf der Welt, darunter allein uber 29 verschiedenen Sorten Bowmore.

Shore Street
Bowmore,
Isle of Islay PA43 7LB
Tel. +44 (0) 1496 81 03 90
www.lochsidehotel.co.uk

An Tigh Seinnse

TIPP

Queen Street
Portnahaven,
Isle of Islay PA47 7SJ
Tel. +44 (0) 1496 86 02 24

Kleiner typischer Pub am Ende der Halbinsel Rhinns of Islay. Vor der Tür räkeln sich Seerobben im Hafenbecken, die Brandung spritzt an den Felsen der vorgelagerten Insel Orsay auf. Am Tresen sprechen einheimische Fischer Gälisch, dazwischen lassen sich ein paar Touristen die wenigen, aber köstlichen Gerichte munden. Übersichtliche Auswahl an Malts. Tipp: Pizza mit karamellisierten Zwiebeln und riesigen Scheiben Ziegenkäse, dazu Ardbeg Airigh Nam Beist 11.

The Celtic House Coffee Shop

TIPP

The Celtic House
Bowmore, Isle of Islay,
PA43 7LD
Tel: +44 (0) 149 6810 304
www.theceltichouse.co.uk

Zum Ausnüchtern: Kate und Gael unterhalten im Erdgeschoss einen Buchladen mit keltischen Souvenieren und im oberen Stockwerk ein Cafe. Die frisch gebackenen Möhrenkuchen, Waldbeeren Tarts und Scones werden selbst gebacken. Dazu kann man au seiner feinen Auswahl an Classic Supremo Kaffees, Tees, Säften und Milchshakes wählen. Unter den Büchern kann man viele lokale Themen zur Insel, Whisky und gälischer Kultur finden.

Loch Indaal Distillery

Im Warehouse der stillgelegten Lochindaal Distillery hat sich heute das Port Charlotte Youth Hostel eingenistet. Die Destillerie brannte zwischen 1829–1922, den Letzten ihrer stark getorften Whiskys trank man angeblich 1963. Ein zweites Lagerhaus nebenan wurde unlängst als Autowerkstatt genutzt. In den verbliebenen Lagerstätten ein Stück weiter bergauf lässt Bruichladdich momentan seinen PC (Port Charlotte) reifen.

Port Charlotte,
Isle of Islay PA48 7TX

Octomore Distillery

Die in der Nähe von Port Charlotte gelegene Octomore Farm beherbergte eine Brennerei, die 1816 von der Familie Montgomery gegründet wurde. Die Gebäudereste werden heute als Ferienhaus vermietet. Auf den Feldern ringsum gedeiht wie früher Gerste. Sie wird für Bruichladdichs gleichnamigen Whisky Octomore genutzt, den nach eigener Aussage am stärksten getorften Whisky der Welt.

Port Charlotte,
Isle of Islay PA48 7UD

Port Ellen Distillery

Die Originalgebäude der 1983 geschlossenen Brennerei sind noch erhalten und werden vom Malz-Betrieb Port Ellen

Port Ellen,
Isle of Islay PA42 7AH

Maltings der Firma Diageo genutzt. Dieser beliefert die Insel-Brennerei mit verschieden stark getorfter Gerste.

EVENT

Feis Ile

www.theislayfestival.co.uk

Islay Festival of Music and Malt – ein Fest der Musik und des Whiskys. Besucher aus der ganzen Welt reisen an, um den Freilichtkonzerten, traditionellen Tanzabenden, geführten Spaziergängen, Angel-, Jagd- und Golfwettbewerben beizuwohnen. Die Brennereien bieten Meisterklassen, Spezial-Führungen und Verkostungen an, jede hat einen offenen Tag.

Termin: letzte Maiwoche

unten: Gruinard Bay, rechts: Bruichladdich Distillery – Installation Gin Still

Little Minch
Moray Firth
Skye
Portree
Inverness
Talisker
Hebriden-
see
Rum
Mallaig
Dalwhinnie
Ben Nevis
Ardnamurchan
Fort William
Blair Athol
Pitlochry
Coll
Edradour
Tobermory
Aberfeldy
Tiree
Oban
Dundee
Mull
Glenturret
Strathearn
Oban
Perth
Tullibardine
Firth of Lorn
Inveraray
Stirling
Loch
Lomond
Colonsay
Firth of Forth
Edinburgh
Glasgow
0 km
40

CENTRAL HIGHLANDS & INNERE HEBRIDEN

Verlässt man den Central Belt und die Metropolen des schottischen Flachlandes in nördlicher Richtung, dauert es nicht lange, bis man sich in typisch schottischer Landschaft wiederfindet. Die A9, eine der beiden wichtigsten Fernstraßen des Landes, wälzt sich über die lieblichen Waldlandschaften Perthshires und die kargen Granitgeröllplateaus des Cairngorm-Nationalparks bis nach Inverness. Die andere der beiden zentralen Fernstraßen, die A82, zieht sich scheinbar endlos durch Moorlandschaften und die mit Flickenteppichen aus Heide und Farn gemusterten Hochebenen, vorbei an Bergschluchten und tief ins Hinterland greifenden Meeresarmen. An ihrem Ende hat man die Westküste erreicht, wo die Möwen und Basstölpel kreischen und der Wind nach dem Salz des Atlantiks schmeckt. Nur zu gut kann man sich vorstellen, dass in den abgelegenen Ortschaften des Hochlandes und auf den sturmgepeitschten Inseln noch bis Anfang des 20. Jahrhunderts Hunderte illegale Brennereien Whisky im

Pot-Still-Verfahren brannten. Vom berühmten Loch Lomond und Trossachs-Nationalpark über die Outdoor-Hauptstadt Fort William, die Hafenstadt Oban und die Hebrideninseln Skye und Mull bis in den Cairngorm-Nationalpark: In dieser Region gibt es unerschöpfliche Möglichkeiten, das Natur- und Landschaftserlebnis mit Sightseeing und dem Whiskygenuss zu verbinden.

Weil die Highlands ein geografisch recht großes Gebiet abdecken, ist es schwierig, den Whiskys einen einheitlichen Stil zuzuweisen. Allgemein – so lässt sich vielleicht noch am ehesten sagen – tendiert man in den Central Highlands zu leichteren, fruchtigeren Whiskys, während die Whiskys der Westküste und der Inseln traditionell einen rauchigen, salzig-maritimen Charakter aufweisen. Die zumeist charmanten Brennereigebäude nisten in oft bildschönen Landschaftskulissen und sind bereits deshalb einen Besuch wert. Zudem sind einige der großen Blends wie Famous Grouse, Bell's und Dewar's hier zu Hause. Da viele der Brennereien großen multinationalen Unternehmen wie Diageo gehören, fehlt es manchen der einzelnen Führungen allerdings an Charme und Persönlichkeit.

POIT DHUBH

»Potch ghoo« gesprochen, wörtlich übersetzt mit »schwarzer Topf« – *poit dhubh* ist der alte gälische Name für eine illegale Brennblase *(illicit still)*. Vor allem in den Highlands mit ihren schwer zugänglichen Tälern und dem traditionellen Widerstand gegen autoritäre Gängeleien war das illegale Brennen von Whisky ein beinahe ganz normales Gewerbe. 14.000 illegale Brennereien soll es im 18. Jahrhundert in Schottland gegeben haben. Meereshöhlen, Schluchten und halbunterirdische Hütten waren populäre Standorte. Die Brennblasen waren notwendigerweise klein und konnten schnell ab- und an anderer Stelle wieder aufgebaut werden. Zum Anfeuern wurde Holz verwendet, das wenig Rauch erzeugte, und die Fluchtrouten wurden bereits vorher sorgsam geplant.

In der Nähe von Crieff

Edradour

TIPP

Pitlochry PH16 5JP
Tel. +44 (0) 1796 47 20 95
www.edradour.co.uk

Die kleine Brennerei »zwischen den zwei Flüssen« wurde 1825 gegründet und kann auf eine illustre Vergangenheit verweisen, in der sogar die Mafia ihre Hand im Spiel gehabt haben soll. Nach 20 Jahren verkaufte der französische Eigentümer Pernod Ricard die Brennerei 2002 an den Schotten Andrew Symington, der sich bereits als unabhängiger Blender Signatory einen Namen gemacht hatte. Seitdem ist die Brennerei ganz auf Tourismus eingestellt und schleust täglich Hunderte Touristen durch ihre Räumlichkeiten. Seit 2011 kann man auch das neugebaute Warehouse besichtigen.

Führungen: £ 7.50
alle 20 Minuten
April-Okt.: Mo-Sa 10-16 Uhr,
Nov-März: geschlossen
(2 Drams, Dauer: 1 Std.)

Blair Athol

Die hübsche, 1949 mit Naturstein wieder aufgebaute Destillerie wird oft für Feste und Hochzeiten gemietet. Ein Großteil des Whiskys wird für Blends, v.a. für Bell's verwendet. Die Führungen sind durchschnittlich interessant und werden durch das Diageo-typische Health-and-Safety-Regelwerk ausgebremst.

Perth Road
Pitlochry PH16 5LY
Tel. +44 (0) 1796 48 20 03
blair.athol.distillery@diageo.com
www.discovering-distilleries.com/blairathol

Führungen: £ 7
Nov.-März: Mo-Sa stdl. 10-15 Uhr
April-Okt.: stdl. tgl. 10-16 Uhr

Nov.-Dez.: Mo-Sa 10-15 Uhr
Jan.-Ostern: tgl. 10-15 Uhr
(Privattour, 1 Dram & 2 Drams der Flora-&-Fauna-Serie, mind. 4 & max. 18 Personen, Anmeldung notwendig)

Neu: Signature Tour: £ 17.50
(Führung + 3 Drams, nur auf Anfrage)

Allt Dour Deluxe Tour: £ 30
(Privattour, 1 Dram aus dem Fass & 4 weitere Drams, mind. 4 & max. 8 Personen, Anmeldung notwendig)

Aberfeldy

Aberfeldy PH15 2EB
Tel. +44 (0) 1887 82 20 10
worldofwhisky@dewars.com
www.dewars.com

Wo Perthshires höchster Berg, tiefster See und längstes Tal zusammentreffen, wurde 1896 die Aberfeldy Distillery von den Söhnen des *master blender* John Dewar gebaut. Das 2000 durch den Earl of Elgin eröffnete Zentrum Dewar's World of Whisky gleicht einer Touristenmanege. Das Publikum wird in einem plüschigroten Kinosaal in die Marke Dewar's geführt und anschließend durch eine Ausstellung geschleust. Der Rundgang durch die Brennerei endet mit einem zweiten Film über die Fassreifung.

Führungen: £ 9.50
April-Okt.: Mo-Sa stdl. 10-17 Uhr, So 12-15 Uhr
Nov.-März: Mo-Sa 10-15 Uhr

Cask Tasting Tour: £ 15
(Führung, Fassverkostung & 1 Dram)

Dewar's Connoisseur Tour: £ 25
(Führung, Fassverkostung & 5 Drams)

Blender's Tour: £ 75
(Blenden einer eigenen 500ml Flasche)

Tullibardine

Die kürzlich wiedereröffnete Brennerei hat hart daran gearbeitet, ihr Profil für Touristen und Connaisseure gleichermaßen zu schärfen. Ein gewaltiges Besucherzentrum unterhält und verköstigt die aufgrund der zentralen Lage an der A9 zwischen Stirling und Perth in großer Zahl einfallenden Touristen. Die gesamte Produktion der kompakten Brennerei findet unter einem Dach statt. 2011 wurde die Brennerei an den französischen Weinhändler Picard Vins & Spiritueux verkauft.

Stirling Street
Blackford, Auchterarder
PH4 1QG
Tel. +44 (0) 1764 68 22 52
tours@tullibardine.com
www.tullibardine.com

Führungen: £ 8
ganzjährig Mo-So stdl. 10-16 h
(Dauer: 45 Min., 1 Dram, erweiterbar auf 3 Drams)

Bonded Tour: £ 27
(3 Drams, Dauer: 1,5 Std.,
nur mit 2-tägiger Voranmeldung)

Whisky & Chocolate Tasting Tour: £ 25
(1,5 Std., Führung und Verkostung von 4 Drams mit feiner Schokolade)

Connoisseur Tour: £ 45
(£ 37.50 ab 2 Personen)
(4 Drams, Dauer: 2 Std.,
max. 10 Personen,
nur mit 2-tägiger Voranmeldung)

Glenturret

The Hosh
Crieff PH7 4HA
Tel. +44 (0) 1764 65 65 65
www.thefamous
grouse.com

Versteckt in einem Tal beansprucht Glenturret, die älteste Brennerei Schottlands zu sein. Einige der weißgetünchten Gebäude stammen tatsächlich von 1775. Obwohl relativ klein, hat die Destillerie durch ihr berühmtes Produkt, The Famous Grouse, jährlich Tausende Besucher. Das Besucherzentrum ist daher auch auf den bekannten Blend hin ausgerichtet, Gleiches gilt für die Führungen. Sie können online gebucht werden und sind dann um £ 1 ermäßigt.

Führungen: £ 10
März-Okt.: tgl. stdl. 10:30-16:30 Uhr
Nov./Feb.: tgl. stdl. 10:30-15:30 Uhr
(2 Drams, Anmeldung notwendig, ab 2 Tagen vorher nur telefonisch)

The Famous Tasting Experience: £ 20
(Führung und Verkostung von 5 Drams, telefonische Anmeldung notwendig)

Blending Experience: £ 60
Dauer: 2 Std., Anmeldung notwendig

Stillman Experience: £ 250
Di, Mi & Do 10-16 Uhr
(Führung mit Stillmen am Morgen, Lunch, Tasting und Blending am Nachmittag)

Dalwhinnie

Dalwhinnie ist die am höchsten gelegene Brennerei Schottlands und umgeben von den schneebedeckten Gipfeln des Cairngorm-Nationalparks. Der Whisky wird aufgrund seines weichen Charakters oft mit Lowlanders verglichen. Die etwas lieblos-uniformen Führungen sind nur mäßig interessant und gleichen den Touren in anderen Diageo-Brennereien. Wenn man nett fragt, bekommt man zum obligatorischen Dram eventuell noch einen halben Teelöffel eines weiteren Whiskys zur Verkostung.

Dalwhinnie PH19 1AB
Tel. +44 (0) 1540 67 22 19
dalwhinnie@diageo.com
www.discovering-distilleries.com/dalwhinnie

Führungen: £ 10
»Tasting only« Optionen, mit jeweiliger Anzahl an handgemachter Schokolade inkl.: 3 Drams £ 10, 4 Drams £ 16, 6 Drams £ 19)

Nov.-März:	tgl. 10:15, 11:30, 13:30 & 14:45 Uhr
April-Juni/Sept.-Okt.:	tgl. halbstdl. 9:45-16:20 h
Juli-Aug.:	tgl halbstdl. 9:45-17 Uhr

WHISKY FOR THE DROVERS

Als es noch keine Viehtrucks gab, wurden alljährlich im Oktober Viehtreiber angeheuert, sogenannte *drovers*, um die Rinder aus den Highlands und von den Inseln hinunter in den Süden zu den Viehmärkten zu begleiten. Zu dieser Zeit verwandelten sich die Routen und die Marktstädte Crieff und Falkirk in eine Wildwestkulisse wie im Hollywoodfilm, voller Rinder und Pferde, Diebe und Banditen – und betrunkener Viehtreiber. Die *drovers* trieben die Herden zu Fuß durch die unwirtliche, wilde Landschaft, in der es keine Straßen gab. Oft mussten sie wochenlang wandern, Flüsse überqueren und durch Meerengen schwimmen. Nur selten, wenn die Rinder den Wasserweg nehmen mussten, kamen sie in den Genuss eines Fährbootes. Entlang des Weges waren *pràbanan* eröffnet worden, Trinkbuden, die lokal destillierten Whisky anboten. Eine der bekanntesten lag in den Bergen von Kintail und wurde von einer Frau mit dem klangvollen Namen Peigi Fraoch-Choire betrieben. Weil die Viehhändler oft kein Geld besaßen, bis sie aus dem Süden zurückkamen, notierte Peigi die Drams auf einem Stück Holz und verlangte erst auf dem Rückweg die Bezahlung. War das Holz voll, wurde der Ausschank verweigert. Viele der Straßen, die man heute im Hochland findet, waren im 19. Jahrhundert noch Viehtreiberrouten. Und einige Brennereien, wie z.B. die Tomatin Distillery, begannen ihre Karriere als Whiskyausschankbude für *drovers.*

Ben Nevis

Lochy Bridge
Fort William PH33 6TJ,
Tel. +44 (0) 1397 70 24 76
colin@bennevisdistillery.com
www.bennevisdistillery.com

Am Fuße des höchsten Berges von Großbritannien wurde auf Geheiß von »Long John« MacDonald seit 1825 Whisky gebrannt, einem fast zwei Meter großen Hünen aus dem MacDonald-Clan von Argyll. In den 1950er-Jahren wurde ein Coffey Still installiert, der neben Malt Whisky auch die Produktion von Grain Whisky erlaubte. Die japanische Firma Nikka übernahm die Brennerei 1989. Die Destillerie ist keine Schönheit, aber die Führungen und der obligatorische Einführungsfilm mit Hector McDram sind sehr lustig gehalten.

Führungen:	£ 5
Executive Tour:	£ 30
ganzjährig	Mo-Fr stdl. 9-17 Uhr
Ostern-Sept.:	Sa 10-16 Uhr
Juli/Aug.:	Mo-Fr 9-18 Uhr, Sa 10-16 Uhr & So 12-16 Uhr

Neu: Tasting Tour: £ 18
(Führung + 3 Drams)

Talisker

Einer der Giganten der Malt-Whisky-Welt mit einem unverwechselbaren, kräftigen Charakter hat eine Brennerei, die sich ebenfalls sehen lassen kann. Die einzige Destillerie auf der Insel Skye nistet am Meeresufer im Dorf Carbost in malerischer Landschaftsszenerie. Als den »König der Drinks« hat Robert Louis Stevenson den Talisker in einem Gedicht einst gerühmt. Auch der Brand in den Produktionsstätten 1960 hat seinem Ruf keinen Schaden zugefügt. Um den ursprünglichen Geschmack des Whiskys beizubehalten, wurde die Destillerie zwei Jahre nach dem Feuer exakt nach dem Original wieder aufgebaut. Die Führungen sind Diageo-Standard, die Verkostung etwas geizig.

Führungen: £ 8
April-Okt.: Mo-Sa stdl. 10-16 Uhr
Juni-Aug.: auch So 11-16 Uhr
Nov.-März: Mo-Fr 10:30, 12, 14 & 15:30 Uhr
(Anmeldung im Winter empfohlen)

Talisker Tasting Tour: £ 35
April-Okt.: Mo, Di, Do & Fr 13:30 Uhr
Nov.-März: Mo, Mi & Fr 12 Uhr
(5 Drams)

Carbost, Isle of Skye
IV47 8SR
Tel. +44 (0) 1478 61 43 08
talisker@diageo.com
www.discovering-distilleries.com/talisker

Oban

Stafford Street
Oban PA34 5NH
Tel. +44 (0) 163 157 20 11
oban.distillery@diageo.com
www.discovering-distilleries.com/oban

Es ist heutzutage ungewöhnlich, eine Brennerei mitten in einer Stadt zu finden. Eingequetscht zwischen Berghang, Geschäften und der Hafenpromenade liegt die Oban Distillery zentral und kompakt wie keine andere. Erst nach ihrem Bau 1794 durch die Brüder John und Hugh Stevenson entstand die Hafenstadt Oban an der hübsch gelegenen Meeresbucht. Mit nur zwei Brennblasen ist die Oban-Brennerei eine der kleinsten in Schottland und produziert, was man gemeinhin als West-Highland-Geschmack bezeichnet: einen Mittler zwischen den kräftigen, rauchig-maritimen Inselwhiskys und den leichteren, süßeren Whiskys der Central Highlands. Heute gehört auch diese Brennerei dem Spirituosen-Giganten Diageo, weshalb die Führungen entsprechend uniform ausfallen. Allerdings erhält man im Abfülllager mit einer Pipette einige Tropen eines elfjährigen Whiskys direkt aus dem Fass.

Führungen: £ 8
März-Juni/Okt.-Nov.: tgl. 9:30-15:45 Uhr, Ostern auch So
Juli-Sept.: Mo-Fr 9:30-18:15 Uhr; Sa/So 9:30-15:45 Uhr
Dez.: tgl. 12-15:15 Uhr

Exclusive Distillery Tour: £ 40
(Warehouse-Besichtigung und breites Tasting, Anmeldung notwendig)

Apr-Juni	Mi & Fr 14 Uhr
Juli-Sept	Mo-Fr 16 Uhr

Tobermory ♥

Tobermory PA75 6NR
Tel. +44 (0) 1688 30 26 47
www.tobermorymalt.com

Eines der fotogensten Hafenstädtchen von Schottland ist das Zuhause eines der am meisten unterschätzten Whiskys. Vergessen Sie den Tobermory und Ledaig der Vergangenheit. Die Eigentümer Burn Stewart Distillers Ltd., denen auch Bunnahabhain auf Islay und die Deanston Distillery bei Stirling gehören, haben einiges investiert, um die Aufmerksamkeit der Fachwelt auf sich zu ziehen. Die Brennerei wurde 1798, zehn Jahre nach Gründung der Stadt Tobermory, als Ledaig Distillery gebaut und ist die einzige Brennerei auf der Insel Mull. Die Lagerhäuser wurden leider verkauft und in Wohnungen umgewandelt, Besucher erwartet dennoch eine recht preiswerte und informative Führung.

Führungen:	£ 8
ganzjährig	Mo-Fr 10-17 Uhr; Sa & So 10-16 Uhr

(telefonische Anmeldung notwendig)
Neu: Tobermory Classic Tour:
£ 10 (2 Drams)

Tobermory

♥ Ardnamurchan (Adelphi) Distillery

Glenbeg, Ardnamurchan
PH36 4JG.
Tel.: +44 (0) 1972 50 02 85
www.adelphidistillery.com

Ursprünglich ein großer Brennereibetrieb in der Mitte Glasgows destillierte Adelphi zwischen 1826 und 1907. Die Lagerhäuser wurden bis in die 1960er Jahre weitergenutzt und auch die Brennerei gehörte bis zu ihrer Demolierung 1971 zur Stadtsilhouette Glasgows. Der Name Adelphi wurde als unabhängiger Abfüller 1992 wieder zum Leben erweckt und steht seitdem für Qualität. 2013 schließlich begannen die Bauarbeiten am Gebäude der gänzlich neuen Ardnamurchan Distillery in Glenbeg auf der entlegenen gleichnamigen Halbinsel Ardnamurchan. Das erste Destillat floss im Sommer 2014. Fässer verschiedener Grösse können ab £ 1.800 gekauft werden.

Führungen: £ 7
Mo-Fr 11-17 Uhr, So 12-14 Uhr
(Sa geschlossen)

Neu: Premium Tour: £ 12
(Führung + 2 Drams)

Neu: Connoisseur's Tour: £ 25
(Führung + 3 Drams)

Manager's Tour: £ 40
1,5 Std., Insider-Führung mit
Distillery Manager plus 4 Drams
der Adelphi Whiskys

Strathearn Distillery

Strathearn findet man auf einer kürzlich rennovierten Farm nicht weit von der Stadt Perth. Die Brennerei ist eine von vielen kleinen Unternehmensgründungen der letzten Jahre. Hier wird nicht nur Whisky sondern eine ganze aufregende Reihe an Spirituosen wie zum Beispiel Gin produziert, um das Geschäft während der ersten drei Jahre, die der Whisky zur legalen Reife benötigt, am Laufen zu halten. Das erste Whisky Destillat floss 2014 und kann auf Führungen verkostet werden. Die Brennerei bietet außerdem Meisterklassen an, in denen Besucher zwischen 1 und 5 Tagen selbst Hand anlegen und den Prozess der Herstellung hautnah erleben können.

Bachilton Farm Steading
Methven, Perthsire PH1 3QX
Tel.: +44 (0) 1738 84 01 00
www.strathearn
distillery.com

Mo-Fr 10-16 Uhr

Führungen: £ 25 (1,5 Std.)
Nur mit Voranmeldung.

Neu: Gin Lover Experience: £ 95
(4 Std., 6 Tonics, 6 Gins, Blenden eines eigenen G&T)

Neu: Connoisseur Experience: £ 150
(Manager Führung, 6 drams, Snacks)

Ballathie House

Kinclaven
Stanley PH1 4QN
Tel. +44 (0) 1250 88 32 68
email@ballathie househotel.com
www.ballathie househotel.com

Das Landhotel in alter Tradition blickt inmitten weiter Gartenanlagen auf den River Tay, während Kaninchen durch die Gärten hüpfen. Die Zimmer im Hauptgebäude sind tadellos, im Anbau etwas hellhörig. Die viel gepriesene Küche von Andrew Wilkie harmoniert mit einer exzellenten Auswahl an französischen Weinen.

Easter Dunfallandy Country House

Logierait Road
Pitlochry PH16 5NA
Tel. +44 (0) 1796 47 41 28
sue@dunfallandy.co.uk
www.dunfallandy.co.uk

Himmlisch ruhig und grün gelegen blickt das glyzinienumrankte B&B auf die Stadt Pitlochry und die umliegenden Berge. Die persönliche Bekanntschaft steht an erster Stelle und gleich bei Ankunft wird *afternoon tea* serviert. Nicht nur der großen Zimmer und des üppigen Frühstücks wegen zählt das Easter Dunfallandy zu den 20 besten britischen B&Bs.

The Lime Tree

Zwischen den uniform karierten Gruppenhotels in Fort William wurden die Lime Tree Studios schnell zum angesagten Geheimtipp. Die Kunstgalerie kombiniert ein Restaurant mit geschmackvollen Zimmer.

The Old Manse,
Achintore Road
Fort William PH33 6RQ
Tel. +44 (0) 1397 70 18 06
info@limetree
fortwilliam.co.uk
www.limetree
fortwilliam.co.uk

Leuchtturm bei Fort William

RESTAURANTS & WHISKYBARS

Crannog at the Waterfront

Town Pier
Fort William PH33 6DB
Tel. +44 (0) 1397 70 55 89
custrel@crannog.net
www.crannog.net

Direkt am Ufer des Loch Linnhe ist das inzwischen schon seit Langem etablierte Restaurant von Finlay Finlaysons eine kulinarische Landmarke. Bekannt dafür, das beste Essen im Umkreis zu servieren, werden frisch gefangene Meeresspezialitäten aufgetragen.

Creag Mhor Lodge

North Ballachulish PH33 6RY
Tel. +44 (0) 1855 82 13 79
mail@creagmhorlodge.com
www.creagmhorlodge.com

In dem viktorianischen Gästehaus kann man nicht nur nächtigen, sondern auch an der Whiskybar (A Wee Drop) aus 340 verschiedenen Single Malts wählen. Darunter befinden sich Limited Editions, Whiskys direkt aus dem Fass oder von geschlossenen Brennereien.

Loch Fyne Oyster Bar

Clachan, Cairndow PA26 8BL
(16 km östlich von Inveraray an der A83)
Tel. +44 (0) 1499 60 02 64
oyster.bar@lochfyne.com
www.lochfyne.com

Täglich fangfrische Austern, Lachs, Garnelen und Muscheln. Die Austern des berühmtesten Fischrestaurants des Landes werden pur mit Zitrone oder auch in exotischen Varianten serviert, z.B. mit Chili.

Sligachan Hotel

In der Bar des berühmten Bergsteigerhotels wärmen sich Wanderer am offenen Kaminfeuer die müden Füße. Im Schatten der Cuillin-Berge, dem einzigen alpinen Gebirgsstock von Schottland, werden an der Seumas' Bar über 200 verschiedene Single Malts und Real Ales ausgeschenkt.

Sligachan,
Isle of Skye IV47 8SW
Tel. +44 (0) 1478 65 02 04
reservations@
sligachen.co.uk
www.sligachan.co.uk

Sligachan-Brücke

Loch Fyne Whiskies

Main Street West
Inveraray, Argyll PA32 8UD
Tel. +44 (0) 1499 30 22 19
ship@lfw.co.uk
www.lfw.co.uk

Der Koch vor der Tür, der sonst den Weg in Restaurants weist, lädt zum Verkosten der über 400 verschiedenen Whiskys ein. Die Besitzer sind äußerst fachkundig und verkaufen neben einer großen Auswahl an Fachliteratur auch ungewöhnliche Whiskys, z.B. aus der Bretagne.

Öffnungszeiten: Mo-Sa 10-17 Uhr

Tarbert am Loch Fyne

GÄLISCHE NAMEN

Viele Jahrhunderte wurde in Schottland Gälisch gesprochen, eine keltische Sprache, die heute nur noch rund 60.000 Schotten im Alltag brauchen. In einigen wenigen Gegenden wie der Westküste und auf den Hebrideninseln ist Gälisch auch heute noch die erste Sprache der Gemeinde. Für den großen Rest von Schottland jedoch finden sich die wesentlichen gälischen Spuren nur noch in den Ortsnamen. Gemessen an der geschichtlichen Bedeutung überrascht es nicht, dass die gälische Sprache einen prominenten Platz in der Whiskywelt einnimmt. Die meisten Brennereien haben gälische Namen und reflektieren so sprachlich den Ort ihrer Herkunft. In den letzten Jahren ist der Trend zu bemerken, Abfüllungen durch den gälischen Namen einen Anstrich von Authentizität zu geben, so etwa beim Airigh nam Beist von Ardbeg oder dem Toiteach von Bunnahabhain.

Gälisch auf dem Whiskylabel ist aber keine Neuheit. Der kürzlich verstorbene Sir Iain Noble, der auch die gälische Universität Sabhal Mòr Ostaig ins Leben gerufen hat, gründete seine Firma Pràban na Linne, um eine Reihe gälischer Whiskys aus dem Süden der Insel Skye zu vertreiben. Die Blends und Vatted Malts wurden als *fìor uisge-beatha* (richtiger Whisky) für die Gälen vermarktet. Die gälischen Namen wie *Té Bheag* (kleine Lady) oder *Mac na Mara* (Sohn des Meeres) wurden auch auf dem Label auffallend in Szene gesetzt, um das Bewusstsein für die Sprache zu fördern. Um dem Amtssprachengesetz in Kanada Folge zu leisten, mussten die Labels in Nova Scotia in Gälisch und Französisch extra neu gedruckt werden.

EINE AUSWAHL GÄLISCHER BRENNEREINAMEN

Aberfeldy, gäl. Obair Pheallaidh – *obair* heißt »Mündung«, *peallaidh* bzw. engl. *feldy* ist die Bezeichnung für einen Wasserkobold oder eine Wasserelfe

Aberlour – Mund des plappernden Stroms

Abhainn Dearg – der rote Fluss

Ardbeg, Ardmore – *ard* bezeichnet die Höhe, *beag* heißt »klein« und *mòr* »groß«

Auchentoshan – *achadh* bedeutet »Feld« und *oisean* »Ecke«

Benriach – der gefleckte Berg

Bowmore – das große Riff

Bunnahabhain – der Grund des Flusses

Caol Ila – der Sund von Islay

Cragganmore – *Craggan* kommt von *creagan* (Fels) und ist sehr populär als Orts- oder Personenname

Dailuaine – die grüne Wiese

Edradour – *eadar da dhobhar* (zwischen zwei Wassern), ein idealer Platz zum Destillieren!

Glen Albyn – der Name der inzwischen geschlossenen Brennerei wird als »Tal von Schottland« übersetzt

Glenfarclas – das Tal des graugrünen Grases

Glen Ord – Tal des Hammers (Letzteres ist eine nicht ungewöhnliche Beschreibung für die Form eines Berges)

Lagavulin – Lag a' *Mhulinn* oder »Mühlenmulde«

Oban – *ob* bedeutet Bucht und *-an* kennzeichnet ein Diminutiv

Tamdhu – das schwarze Hügelchen, *dubh* kann sowohl »schwarz« als auch »geheimnisvoll« oder »böse« bedeuten

Tobermory – *tobar* bedeutet »gut« und *Moire* meint die biblische Maria

Tomintoul – das Hügelchen mit Scheune

ABFÜLLUNGEN MIT GÄLISCHEM NAMEN

Airigh nam Beist – die Weide des Biestes (die einzigen Biester in der Nähe von Ardbeg waren allerdings Kühe)

An Turas Mòr – die großartige Reise (Port Charlotte)

Càirdeas – Freundschaft (Laphroaig)

Darach Ur – neue Eiche (Bunnahabhain)

Lasanta – feurig soll dieser geschmeidige Glenmorangie sein (Betonung der ersten Silbe!)

Moch – Caol Ilas »zeitige« Abfüllung

Nàdarra – Glenlivets »natürliche« Cask-strength-Abfüllung

Sin an Dòigh Ileach– Das ist die Islayer Art (Bruichladdich)

Toiteach – »rauchig« ist Bunnahabhains torfiger Whisky

An Cuan Mòr – der große Ozean (Laphroaig)

Taghta – auserwählt, perfekt (Glenmorangie)

Moine Mhòr – der große Torfige (Bruichladdich)

Laimrig – Bootshelling (Bowmore)

TULLIBARDINE DISTILLERY
2003
CASK NO.2
BLACKFORD

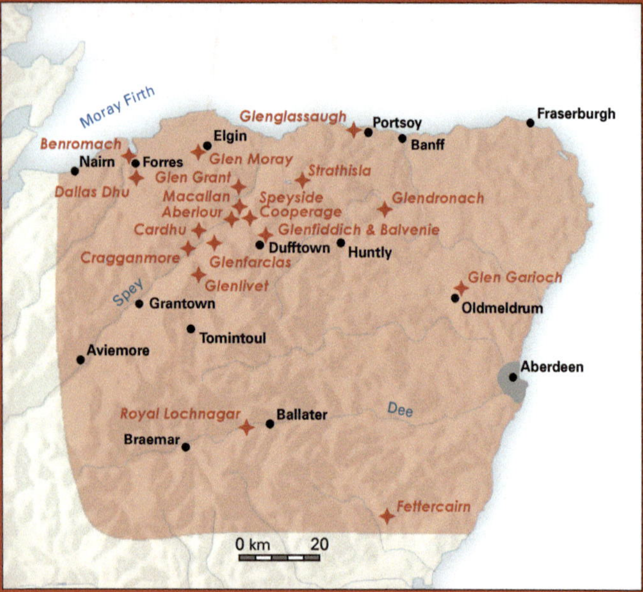
Moray Firth
Glenglassaugh
Portsoy
Fraserburgh
Elgin
Banff
Benromach
Nairn
Forres
Glen Moray
Strathisla
Glen Grant
Dallas Dhu
Macallan
Speyside
Glendronach
Aberlour
Cooperage
Cardhu
Glenfiddich & Balvenie
Dufftown
Huntly
Cragganmore
Glenfarclas
Glen Garioch
Glenlivet
Spey
Grantown
Oldmeldrum
Tomintoul
Aviemore
Aberdeen
Royal Lochnagar
Ballater
Dee
Braemar
Fettercairn
0 km
20

EAST HIGHLANDS & SPEYSIDE

Zehn Meilen südlich von Fort Augustus entspringt auf ca. 300 Metern Höhe Schottlands zweitlängster und berühmtester Fluss und mäandert breit und gemächlich durch die fruchtbare, liebliche Mittelgebirgslandschaft, die als Speyside bekannt ist. Durch sein breites Wassereinzugsgebiet im Cairngorm-Nationalpark steigt der Wasserpegel des Flusses nach Regenfällen und Schneeschmelze schnell an, was immer wieder zur Überflutung der Talwiesen führt. Entlang des Spey-Ufers gedeihen seltene, seit der letzten Eiszeit überlebende Kiefernwälder und wertvolle Sumpfgebiete. Seltene Pflanzen- und Tierarten haben sich die Region zur Heimat gemacht und werden in Dutzenden Reservaten von Wildlife-Organisationen geschützt. Im Mündungsbereich des Spey war früher einmal der Hauptstandort des britischen Schiffsbaus positioniert. Hier wurde das den Fluss hinuntertreibende Holz aus den Wäldern um Aviemore allein zwischen 1780 und 1890 zu mehr als 300 Schiffen verarbeitet.

Berühmt ist der Fluss Spey heute für die Qualität seiner Lachse und Forellen und das quellklare Wasser, aus dem die Speyside-Destillerien mehr Whisky als jede andere Region in Schottland produzieren: Die Speyside gilt als Kernland der Whiskyproduktion in Schottland, weil hier nicht nur die meisten und produktivsten Brennereien, sondern auch Mälzereien, Böttchereien, Blender und Abfüllbetriebe liegen. Auf der mittlerweile geschlossenen Zugstrecke entlang des Spey wurden Arbeiter, Gerste und Malz zu den Brennereien transportiert und Whisky wiederum über die Hauptstrecke nach Edinburgh, Glasgow und London. Die infrastrukturelle Erschließung durch die Eisenbahn hat viel dazu beigetragen, dass die Dichte an Destillerien in der Speyside so hoch ist und fast zwei Drittel aller schottischen Brennereien hier angesiedelt sind.

Die Brennereien liegen oft nur wenige Kilometer auseinander, eigentlich muss man nur seiner Nase folgen, aber nicht alle Destillerien können besichtigt werden. Der lokale Tourismusverband hat acht der über 50 Speyside-Brennereien und eine Küferei zum Malt Whisky Trail zusammengefasst, dessen gut positionierter Beschilderung und übersichtlichen Broschüren man bequem und einfach folgen kann. Darüber hinaus sind natürlich noch viele weitere Brennereien einen Besuch und eine Verkostung wert, einige bieten spannende Spezialtouren an und sind deshalb gerade für Kenner obligatorisch.

Glenfiddich

In der bekanntesten Brennerei Schottlands wirkt alles nobel und professionell, selbst der obligatorische Einführungsfilm im Auditorium wurde für ein breites Publikum mehrsprachig und wie emotionales Hollywood-Kino inszeniert. Seit ihrer Gründung 1886 befindet sich die Brennerei im Besitz der Familie Grant, was in der Whiskyindustrie recht ungewöhnlich ist. Wegbereiter einer ganz neuen Ära der Whiskygeschichte wurden die Grants, als sie 1963 als eine der ersten Destillerien ihren Whisky als Single Malt vermarkteten. Nicht zuletzt darum ist Glenfiddich wohl auch der meistverkaufte Whisky der Welt. In den 29 Brennblasen werden zehn Millionen Liter Alkohol pro Jahr produziert. Trotz des touristischen Anstrichs ist die Brennerei unbedingt empfehlenswert, denn die Verkostung des Glenfiddich 12, 15 und 18 Years Old ist inklusive. Die Führungen finden in vielen unterschiedlichen Sprachen statt.

Dufftown AB55 4DH
Tel. +44 (0) 1340 82 03 73
Glenfiddichbookings@wgrant.com
www.glenfiddich.co.uk

Führungen:	£ 10
April-Okt:	tgl. 9:30-16h
Nov-März:	tgl. 11 -15:00

Glenfiddich Solera Deconstructed: £ 50
Apr-Okt tgl. 10, 14h
Nov-Maerz tgl 11 und 14h
(Anmeldung notwendig, 2,5h, Fassverkostungen und Blending)

Pioneers Tour: £ 95
(4 Std., Besuch verschiedener Warehouses, Fassverkostungen, Snacks, 1x tgl., vorherige Anmeldung notwendig)

Balvenie

TIPP

Dufftown AB55 4BB
Tel. +44 (0) 1340 82 03 73
www.thebalvenie.com

Auch die Nachbarbrennerei Balvenie ist im Besitz der Grant-Familie. Für die Errichtung der Brennerei wurden Gebäude eines Herrenhauses – einer Neufassung des mittelalterlichen Balvenie Castles – umgebaut. Das Erdgeschoß diente um 1893 – als der erste Whisky floß – als Lagerhaus, der erste Stock als Malzboden und unter dem Dach lagerte die Gerste, die auf den umliegenden Feldern prächtig gedieh. In den 20er Jahren wurde ein neuer Malzboden gebaut und neue Brennblasen eingesetzt – seitdem hat sich nicht viel verändert. Die Brennerei hat kein Besucherzentrum, Führungen können aber über Glenfiddich gebucht werden. Die für ihre Intensität geschätzten Führungen dauern 3 Stunden und reichen vom normalen Rundgang durch das Stillhouse über den ungewöhnlichen Einblick in das Mälzen, die hauseigene Küferei und das Verkosten direkt aus dem Fass. Eine der besten Führungen der Speyside!

Balvenie Tour: £ 40
ganzjährig Mo–Do 10 & 14 h, Fr 10 h
(inkl. Verkostung, Dauer: 3 h)

Glenlivet

Die in den Bergen und Heidekrautweiten des Cairngorm-Nationalparks nistende Brennerei ist eine der wenigen, die seit ihrer Gründung 1824 fast durchgängig produziert. Mit 5.900.000 Litern pro Jahr ist das Goldkind von Pernod Ricard eine der größten Brennereien Schottlands und der meistverkaufte Malt in den USA. Erst 2010 wurde die Anlage um einen neuen Maischebottich, sechs *stills* und acht Washbacks erweitert, um die Nachfrage zu decken und den Ertrag um 75 Prozent zu steigern. Die Destillerie ist die einzige in Schottland, die ihr Produkt »The Glenlivet« nennen darf. Das Besucherzentrum und die Führungen wirken aufgrund des Besucheransturms und der Größe der Brennerei etwas anonym.

Ballindalloch AB37 9DB
Tel. +44 (0) 1340 82 17 20
www.glenlivet.com

Destillery Tour: kostenlos
April-Okt.: Mo-Sa halbstdl.
9:30-16, So 12-16 Uhr

Neu: Classic Tour: £ 10
Jede Stunde 15 nach und 45
(1 1/4 Std., Verkostung von 2 Drams)

Neu: Glenlivet Inspiration: £ 35
(2h, Führung, erweitertes Tasting + 1 Dram aus dem Fass)

Cragganmore

Ballindalloch AB37 9AB
Tel. +44 (0) 1479 87 47 00
www.discovering-distilleries.com/cragganmore

John Smith war bereits gestandener Manager von Macallan, Glenlivet und Glenfarclas, als er 1869 die Cragganmore Distillery gründete. Nahe am Fluss Craggan Burn und der Eisenbahnstrecke gelegen, schien ihm der Platz zum Destillieren ideal. Als er jung starb, übernahm seine Witwe Mary Jane die Leitung. Wie viele Brennereien musste auch Cragganmore während der Weltkriege schließen, als die Regierung die Gerstenlieferungen einschränkte. Heute ist die Brennerei wieder erfolgreich. Um die Nachfrage zu decken, wird im Schichtsystem sieben Tage die Woche gearbeitet. Der Whisky wird seit 1989 von Diageo als Teil der Classic-Malts-Reihe vermarktet und hat auf internationalen Wettbewerben einige Goldmedaillen gewonnen. Die kurzen flachen Brennblasen und die langsame Kondensierung in traditionellen hölzernen Spiralbottichen tragen dazu bei, dass Cragganmore einer der komplexesten Speyside-Whiskys ist.

Führungen: £ 5
Mai-Nov.: Mo-Fr stdl. 10-16 Uhr

Expressions Tour: £ 12
Mai-Nov.: Mo-Fr stdl. 10-15 Uhr
(Verkostung von 3 Drams im Anschluss an die normale Führung)

Macallan

Craigellachie AB38 9RX
Tel. +44 (0) 1340 87 22 80
Distillery@themacallan.com
www.themacallan.com

Die 1824 gegründete Brennerei ist eine der bekanntesten in Schottland. Von einer Anhöhe in der Nähe der von Thomas Telford gebauten Spey-Brücke blickt die Brennerei über das liebliche Spey-Tal und auf den 841 Meter hohen Ben Rinnes. Neben Glenfiddich und Glenlivet ist Macallan einer der am meisten verkauften Single Malts auf der Welt. Ursprünglich sind alle Macallan-Whiskys in spanischen Sherryfässern gereift, seit 2004 lagert der Whisky auch in Bourbonfässern und wird in der Serie Fine Oak vermarktet. 2007 wurde ein Macallan aus dem Jahr 1926 in New York für 54.000 Dollar versteigert – das seither höchste Gebot für eine Spirituose. Die Brennerei gehört heute zur Edrington Group, ein in Glasgow gegründetes schottisches Unternehmen, zu dem auch Highland Park und einige populäre Blends wie Famous Grouse gehören. Vielleicht geschuldet der Grösse und des Erfolgs von Macallan, sind die Führungen leider oft geschäftsmässig, glatt und anonym.

Führungen: £ 15
Okt.-Ostern: Mo-Fr 9:30-17 Uhr
Ostern-Sept.: Mo-Sa 9:30-18 Uhr
(Anmeldung notwendig, Dauer: 1,75 Std.)

Funders Tour: Mi, Do 11 Uhr

Glen Moray

Bruceland Road
Elgin IV30 1YE
Tel. +44 (0) 1343 55 09 00
www.glenmoray.com

Die frühere Bierbrauerei wurde 1897 in eine Brennerei umgewandelt. Der Eigentümer Robert Thorne und seine Söhne steckten jedoch sämtliche Mühen und und alles Geld in die Schwester-Brennerei Aberlour, sodass Glen Moray mehr und mehr verfiel und 1910 schließlich geschlossen wurde. In den 1920er-Jahren kauften die MacDonald- und Muir-Familie die Destillerie auf, 2008 wurde sie schließlich vom Unternehmen La Martiniquaise gekauft. Obwohl ein Großteil der Produktion für Blends verwendet wird, haben einige der Single Malts weltweit Auszeichnungen erhalten. Die Brennerei liegt etwas versteckt und unterhält einen Café, wo Suppen, Sandwichs und anderen Snacks serviert werden. Die Führungen sind authentisch.

Führungen:	£ 5
ganzjährig	Mo-Fr 9:30, 11, 12:30, 14 & 15:30 Uhr
Mai-Sept.:	auch Sa 10:30, 12, 13:30 & 15 Uhr

Fifth Chapter Tour: £ 30
(Managerführung mit Tasting, mind. 4 Personen, Anmeldung notwendig)

Führungen:	£ 7.50
April-Okt.:	Mo-Sa halbstdl. 9:30-16 , So 12-16 Uhr
Dez-März	10 & 14 Uhr (Anmeldung wird empfohlen)

Ultimate Strathisla Experience: £ 60
(4 Drams der Chivas-Serie, Dauer: 2,5-3 Std., Anmeldung & Vorausbezahlung notwendig) Sa 12:30 Uhr

Straight from the Cask Tour: £ 40
(5 *cask strenght* Single Malts der Chivas-Serie & 1 Dram *cask strength* Whisky einer der geschlossenen Brennereien Inverleven oder Glenugie, Dauer: 2,5-3 Std., Anmeldung & Vorausbezahlung notwendig) So 12:30 Uhr

Dallas Dhu

Forres IV36 2RR
Tel. +44 (0) 13096 765 48
info@dallasdhu.com
www.dallasdhu.com

Die mittlerweile geschlossene Brennerei wird heute von der Organisation Historic Scotland als Museum betrieben. Unberührt von den Sicherheits- und Gesundheitsvorschriften vieler noch produzierender Brennereien kann man hier einen ungestörten und recht nahen Blick in das Innere einer Brennerei werfen und sogar seinen Kopf in eine Brennblase stecken. Die Destillerie wurde 1898 vom Glasgower Blendhersteller Wright & Grieg gegründet, dessen Blend Roderick Dhu erfolgreich nach Indien, Australien und Neuseeland exportiert wurde. 1983 kam das Aus, als der derzeitige Eigentümer

Strathisla

Mit ihren zwei malerischen und ungewöhnlichen Pagodendächern und dem gepflasterten Vorhof ist die Brennerei sicherlich eine der am häufigsten fotografierten in Schottland. Darüber hinaus rühmt sich Strathisla, die ältesten Brennerei zu sein, die seit ihrer Eröffnung als Milltown Distillery 1786 kontinuierlich produziert. Nach der Pleite durch einen betrügerischen Finanzier ging die Brennerei in den Besitz des Blendhersteller Chivas Brothers, der den berühmten Blend Chivas Regal produziert. Die Wurzeln der Firma gehen zurück auf einen kleinen Laden in Aberdeen im Jahre 1801, wo Luxusartikel wie Rum, Kaffee und exotische Gewürze an ein wohlhabendes Klientel verkauft wurden. Erst in den 1950er-Jahren erwarb Chivas seine erste Brennerei – Strathisla, die nun das Herz der Chivas-Serie ist. Zwischen den Ledersesseln und Holzvitrinen im Besucherzentrum spürt man die alte Aura der Frank-Sinatra-Ära, der die Marke berühmt gemacht hat.

Seafield Avenue
Keith AB55 5BS
Tel. +44 (0) 1542 78 30 44
strathisla.admin@
pernod-ricard.com

Distillers Company einige seiner kleinen und alten Brennereien schloss. Zu dieser Zeit begann das Geschäft mit Whiskytouristen zu boomen. Und weil in Dallas Dhu noch alles erhalten und original erschien, entschied man sich, der Brennerei zumindest wieder museales Leben einzuhauchen. Den Whisky aus Dallas Dhu gibt es übrigens noch zu kaufen.

Eintritt: £ 5.50

Öffnungszeiten:

April-Sept.:	tgl. 9:30-17:30 Uhr
Okt.-März:	nur bis 16:00 Uhr
	Do & Fr geschlossen
Nov.-März:	Do & Fr geschlossen

Glen Grant

Elgin Road
Rothes AB38 7BS
Tel. +44 (0) 1340 83 21 18
visitorcentre@
glengrant.com
www.glengrant.com

In der kleinen Speyside-Stadt Rothes destillieren vier Brennereien, von denen aber nur Glen Grant Besucher begrüßt. Vom landschaftsarchitektonisch attraktiv angelegen Parkplatz schlendert man über einen Waldweg zu einem exzellent eingerichteten Besucherzentrum. Die Brennerei verfügt außerdem über neun Hektar herrliche Gartenanlagen mit Pavillons, Teichen, Wäldchen, einer Schlucht und einer Whiskyhöhle. Der Back Burn fließt von hier durch die Brennerei bis in den Spey und liefert das Wasser für die Whiskyproduktion. Durch die einzigartige Form der Brennblasen wird der Whisky 2,5-fach destilliert und ist dadurch

schen Aberlour-Abfüllungen stilecht verkostet werden. Hier kann man auch seine eigene Flasche abfüllen, beschriften und mit Wachs versiegeln. Aberlour ist übrigens der bestverkaufte Whisky in Frankreich. Die Brennerei wurde 1879 nach einem Brand von James Fleming, Sohn eines Farmers und Getreidehändlers, neu entworfen und wieder aufgebaut. Das Wasser für die Produktion fließt vom Ben Rinnes hinunter über den Torf und Granit des Lour-Tales. Es ist weich und voller Minerale und wird für alle Produktionsphasen genutzt.

Führungen:	£ 14
April-Okt.	Mo-So 10 und 14 Uhr (auf Anfrage auch 12 Uhr)
Nov.-März	auf Anfrage

Neu: James Fleming Tour: £ 50
(erweiterte Führung und Tasting von Whiskys aus dem Fass, 2 Std., Mi/Do 10:30 Uhr)
Neu: Cask from the past: £35
1 Std., Mo/Di/Fr, Tasting only von mehreren, seltenen Drams)

Cardhu

Die Destillerie, die dem Spirituosen Konzern Diageo gehört, wurde 1824 vom Whiskyschmuggler John Cumming gegründet, der hoch oben am Mannoch Hill lebte, wo der Torf das Wasser weich machte. Seine Frau Helen war aber die eigentliche Chefin der Brennerei und verkaufte aus dem Fenster Flaschen an

Knockando AB38 7RY
Tel. +44 (0) 1479 87 46 35
cardhu.distillery@diageo.com
www.discovering-distilleries.com/cardhu

Passanten. Als Helen 97-jährig starb, übernahm ihre Schwiegertochter Elizabeth das Management. 1885 wurde die Brennerei neu gebaut und die Brennblasen an William Grants neu gegründete Glenfiddich Distillery verkauft. Um die vergrößerte Nachfrage in Spanien und für Johnnie Walker zu decken, tauschte Diageo, denen die Brennerei inzwischen gehört, 2003 den Cardhu Single Malt gegen Vatted Malt aus, ohne das Label entsprechend zu ändern. Die darauf folgende Kontroverse zwang den Spirituosenkonzern schließlich, das Etikett zu ändern und den Vatted Malt deutlich auszuweisen.

Führungen:	£ 9
April:	Mo-Fr 10-17 Uhr
Mai:	Mo-Sa 10-17 Uhr
Juni.:	Mo-Do 10-17 Uhr, Fr 10-19 h, Sa 10-17 Uhr
Juli–Sept.:	auch Sa 10-16 Uhr, So 11-16 Uhr
Okt.–März:	Mo-Fr stdl. 10-14 Uhr

Classic Tour: £ 8.50
(normale Führung und 3 Drams)

Neu: Collection Tour: £ 16
(Führung + 5 Drams)

Glenglassaugh

Obwohl die nördlich von Aberdeen gelegene Brennerei in den 1960er-Jahren neu gebaut und für eine doppelt so hohe Produktion hergerichtet wurde, entschieden sich der Eigentümer Highland Distillers Ltd. 1986 für die Schließung. Die Brennerei war einfach zu klein, zu weit abgelegen und blieb bis zu ihrem Verkauf 2008 eingemottet. Für den derzeitigen Besitzer, die Scaent Group, die ihren Sitz in den Niederlanden hat und eigentlich mit Energie handelt, ist die Brennerei der erste Fuß im Spirituosen-Gewerbe. Im Verkaufsdeal von 5 Millionen Pfund waren die Brennerei, die Lagerhäuser und die verbliebenen Whiskyvorräte enthalten. Die Brennerei bietet nur einmal pro Tag Führungen an – aber hier können dafür auch Fässer erstanden werden.

Portsoy AB45 2SQ
Tel. +44 (0) 1261 84 23 67
info@glenglassaugh.com
www.glenglassaugh.com

Führungen: £ 5
Mai–Sept.: tgl. 10-15 Uhr
Okt–April: Sa & So geschlossen
(Anmeldung notwendig)

Behind the Scenes Tour: £ 35
Mo/Fr 11 Uhr
(Manager-Führung, 2 Drams & je 1 Dram 26- und 30-jähriger Glenlassaugh, Anmeldung notwendig)

Benromach

Invererne Road
Forres IV36 3EB
Tel. +44 (0) 1309 67 59 68
info@benromach.com
www.benromach.com

Zehn Jahre nach der Schließung durch United Distillers kaufte 1993 Gordon & MacPhail die Brennerei – der bekannteste unabhängige Abfüller Schottlands, der seit 1895 auf der High Street in Elgin sein berühmtes Geschäft führt. 1997 wurde die Destillerie so umgebaut, dass sie von nur einer Person gesteuert werden kann. Die Eingeweide wurden vollständig entnommen und die Brennerei bis auf die *wash backs* komplett neu bestückt. Ein Jahr später weihte Prince Charles, der als Whiskyliebhaber bekannt ist, die Benromach Distillery feierlich ein. 2006 wurde der erste Bio-Whisky auf den Markt gebracht, der in neuen amerikanischen Eichenfässern reift. Die kleinste Brennerei der Speyside mit dem markanten, frei stehenden Ziegelschornstein unterhält ein feines Besucherzentrum.

Führungen:	£ 6
Jan.-März:	Mo-Fr 10-15 Uhr
April, Mai, Sept.:	Mo-Sa stdl. 9:30-15:30 Uhr
Juni, Juli, Aug.:	Mo-Sa 9:30-15:30 Uhr, So 10-15 Uhr
Okt.-Dez.:	Mo-Fr 10-15 Uhr

Essential Tour:	£ 15
Juni-Aug.:	Mo, Mi & Fr 11 & 14 Uhr

(intensivere Führung, mehrere Drams, Anmeldung notwendig)

Heritage Tour: £ 40
(Führung mit Manager, mehrere Drams, Anmeldung notwendig)

Personal Distillery Manager's Experience and Bottle Your Own £ 100
Mo-Fr

Bottle Your Own £ 60

Glen Garioch

Die östlichste Brennerei Schottlands ist vom fruchtbaren Ackerland Aberdeenshires umgeben, wo Gerste angebaut wird und sauberes Wasser zu finden ist. 1794 ist sie aus einer Gerberei entstanden und damit eine der ältesten legalen Brennereien Schottlands. Im Laufe ihrer Geschichte blickt sie auf zahlreiche Eigentümer zurück. Heute ist Glen Garioch (ausgesprochen »Glen Geery«) Teil von Morrison Bowmore Distillers, die wiederum der japanischen Firma Suntory gehören. Als eine der ersten Destillerien in Schottland stellte man hier 1975 auf Erdgas um. Der Empfang im attraktiven Besucherzentrum ist herzlich und die Führungen sind informativ und persönlich.

Distillery Road
Oldmeldrum AB51 0ES
Tel. +44 (0) 1651 87 34 50
www.glengarioch.com

Führungen: £ 7.50
ganzjährig Mo-Sa 11, 13 & 15 Uhr
Juli-Sept. zusätzlich So 13 & 15 Uhr

Wee Tasting Tour: £ 15
(normale Führung + 2 Drams)

VIP-Tour: £ 40
(erweiterte Führung + 2 Drams)

Neu: Whisky & Cheese Tasting: £ 40

Glendronach

Forgue AB5 4DB
Tel. +44 (0) 1466 73 02 02
glendronachtours@glendronachdistillery.co.uk
www.glendronachdistillery.com

Gepflegt und familiär wirkt die Brennerei mit ihren traditionellen Steingebäuden und den rot angestrichenen Holzfenstern. Und selbst im Inneren glänzt und blitzt alles. 2002 wurde Glendronach geschlossen, aber glücklicherweise durch Pernod Ricard wieder eröffnet und 2008 an die BenRiach Distillery Company verkauft. Die Gerste wird von den umliegenden Farmen bezogen und auch sonst legt man bei der Produktion viel Wert auf Tradition. Der Überlieferung zufolge soll der Gründer James Allardice das erste Fass mit Bordelldamen in Edinburgh geleert haben. Und weil diese den Whisky mochten, wurde er bald schon in sämtlichen Amüsierbetrieben, Inns und Pubs auf der Royal Mile verkauft. Glendronach war eine der letzten Brennereien in Schottland, die bis 2005 Kohlefeuer für die Erhitzung der Brennblasen benutzten. Die Führungen zählen zu den interessantesten der Speyside und die Verkostung im Anschluss könnte großzügiger nicht sein.

Führungen: £ 5

Mai-Sept.: tgl. 10, 11, 13, 14 & 15 Uhr
Okt.-April: nur Mo-Fr
Connoisseurs' Experience: £ 35
ganzjährig Mo & Mi
(Führung mit dem früheren Destillerie-Manager Frank Massie, 6 Drams, mind. 4 Personen, Anmeldung notwendig)
Neu: Tasting Tour: £ 15
(Führung + 3 Drams)

Royal Lochnagar

Hinter Braemar, dem kältesten Ort Großbritanniens, schlängelt sich die Straße am River Dee dem Feriendomizil von Elizabeth II. entgegen: dem Balmoral Castle. Dahinter nistet eine der kleinsten Brennereien Schottlands, die 1848 das königliche Abzeichen bekam, als der damalige Besitzer John Begg den Ehemann von Königin Victoria, Prince Albert, einlud. Als eine von 28 Whiskybrennereien von Diageo gleichen die Führungen zwar dem typischen professionellen Stil

Ballater AB35 5TB
Tel. +44 (0) 1339 74 27 00
royal.lochnagar.distillery@diageo.com
www.discovering-distilleries.com/royallochnagar

Balmoral Castle

aller Diageo-Führungen, wartet aber dennoch mit einiger Überraschungen auf. So kann man z.B. Montag, Mittwoch und Donnerstag die Maischeproduktion verfolgen, die noch in einem traditionellen, offenen Bottich erfolgt und das gesamte Mash House bis unter die braunen Holzdachbalken in eine Dampfsauna verwandelt. Auch die Abfüllanlage ist sehr sehenswert, in der 35 *second fill butts* pro Woche abgefüllt und schließlich zur Lagerung in die Glenlossie Distillery gebracht werden. Im Warehouse No. 1, dem einzigen *duty paid* Warehouse von Schottland, werden Fässer aller Diageo-Brennereien für Trainingszwecke gelagert. Diageo-Angestellte und Whiskytester der ganzen Welt kommen hierher, um sich im Riechen, Verkosten und Blenden schulen zu lassen.

Führungen:	£ 7.50
Jan.-Feb.:	Mo-Sa 11, 12:30, 14 & 15 Uhr;
März:	Mo-Sa 11, 12:30, 14 & 15 Uhr
April-Dez.:	Mo-Sa stdl. 10-16 Uhr, So stdl. 12-16 Uhr

Tasting Tour: £ 10
(normale Führung + 2 Drams)

Royal Tour: £ 35
ganzjährig Mo-Sa 11 Uhr
(umfassendere Führung, Kaffee & Shortbread, Verkostung verschiedener Lochnagar-Abfüllungen)
Neu: Warehosue Experience: £20
(Tastings direkt aus dem Fass)

Fettercairn

Vor dem Hintergrund des Cairngorm-Gebirgszuges präsentiert sich die früher als Kornmühle benutzte Brennerei von ihrer hübschesten Seite. Den vielen illegalen Brennereien in der Umgebung wurde 1823 mit einer neuen Gesetzgebung der Garaus gemacht. Ein Jahr später nahm die damals als Nethermill bekannte Fettercairn-Brennerei ihre legale Produktion auf. In den 1960er-Jahren wurde das Malzhaus geschlossen und die Produktion verdoppelt. Seit 1973 ist die Destillerie im Besitz von Whyte & Mackay und wird zu 96 Prozent für Blends verwendet. Bekannt ist aber auch ihr Single Malt Old Fettercairn. Die in Glasgow gegründete Firma Whyte & Mackay wurde 2007 an die United Breweries Group verkauft, ein riesiges indisches Konglomerat mit einem Umsatz von über vier Milliarden Dollar.

Distillery Road
Fettercairn AB30 1YB
Tel. +44 (0) 1561 34 02 05
www.fettercairndistillery.co.uk

Führungen: **£ 3.50**
April-Okt.: Mo-Sa stdl. 10-16 Uhr

Cairngorm-Gebirge

Speyside Cooperage

Dufftown Road
Craigellachie AB38 9RS
Tel. +44 (0) 1340 87 11 08
enquiries@speyside
cooperage.co.uk
www.speyside
cooperage.co.uk

Schon von Weitem sieht man Hunderte Fässer im Hinterhof der 1947 von der Taylor Familie gegründeten Küferei aufgestapelt. Früher unterhielt jede Brennerei ihre eigene Küferei. Heute werden die meisten Fässer in der Speyside – über 100.000 Eichenfässer pro Jahr – in der Speyside Cooperage zusammengesetzt und repariert. Das schweißtreibende traditionelle Handwerk wird noch genauso ausgeführt wie vor 200 Jahren. Über eine Schaugalerie kann man den Küfern bei der Arbeit zusehen, ein überaus interessanter Einblick. Sie arbeiten im Akkord und sind die bestbezahlten Handwerker der Gegend. In der Speyside Cooperage bauen sie neue Fässer für die Bierbrauer, setzen aus Amerika angeschiffte Bourbonfässer wieder zusammen und reparieren beschädigte Exemplare.

Führungen: £ 3.50
ganzjährig Mo-Fr halbstdl.
9:15-15:30 Uhr

Glenfarclas Distillery

Ballindalloch AB37 9BD
Tel: +44 (0) 1807 50 03 45,
info@glenfarclas.co.uk
www.glenfarclas.co.uk

Die Brennerei im »Tal des grünen Grases« ist eine der wenigen Brennereien Schottlands, die sich noch im Familienbesitz befindet und nicht von einem internationalen Megakonzern geschluckt wurde. Die Destille wurde 1836 von Robert Hay gegründet und bekam 1844 die Lizenz um Whisky zu brennen. 1865 wurde die

Distillerie an John Grant verkauft, dessen Nachfahren noch heute die Brennerei besitzen. Um an Geld für die Renovierung der Gebäude zu kommen, beteiligten die Grants die Blend-Firma Pattison aus Leith an den Geschäften. Als die Pattisons allerdings gegen Ende des Jahrhunderts ihre berüchtigte Pleite anmeldeten, überlebte Glenfarclas schwer gezeichnet die einzige Tragödie in der Firmengeschichte. Glenfarclas war darüber hinaus eine der ersten, die Single Malt Whisky konsequent im Angebot hatte und die Brennerei der Öffentlichkeit zugänglich machte. Bereits 1973 eröffnete der Visitorscenter, was damals einer Pionierrolle gleichkam. Der Erfolg gab ihnen Recht, denn die Investition in ein Besucherzentrum steigerte erheblich den Absatz. Die Whiskies von Glenfarclas werden fast ausschließlich in ehemaligen Sherryfässern gereift und genießen nicht nur bei Blendern einen ausgezeichneten Ruf.

Führungen: £ 7.50
Jan.-März/Okt.-Dez.: Mo-Fr 10-16 Uhr
April-Sept. Mo-Fr 10-17 Uhr
Juli-Sept. auch Sa 10-16 Uhr
Okt.-Dez. 10-15 Uhr

Connoisseur's Tour & Tasting: £ 40
Juli-Sept. Fr 14 Uhr
(Führung + Tasting von 4 Drams mit Glenfarclas Brand Ambassador)
Neu: Fife Decades: £ 90
(erweiterte Führung, Verkostung + 5 Drams der Family Casks), letzter Freitag im Monat, Mai-Aug 10:30 Uhr

FÄSSER ODER DIE MAGIE VON QUERCUS

Nicht vom Wasser, den Brennblasen, der Gerste oder Hefe kommt ein Großteil des Geschmacks im Whisky, Dreiviertel hängen von der Art und Qualität der Fässer ab. Aufgrund der gesetzlichen Regelung muss jeder Whisky drei Jahre im Eichenfass auf schottischem Boden reifen, um sich »Scotch Whisky« nennen zu können.

Während der Whisky in Amerika in neuen, ausgebrannten Eichenfässern lagert, hängt die schottische Whiskyindustrie fast vollständig von importierten Holzfässern ab, in denen bereits Alkohol gelagert wurde – zumeist Bourbon oder Sherry, neuerdings aber auch Wein, Port oder Rum. Die chemische Interaktion des Whiskys mit dem Holz hängt davon ab, ob amerikanische *(quercus alba)* oder europäische Eiche *(quercus robur)* verwendet und diese luft- oder kilngetrocknet wurde.

Die Fässer für Single Malts werden in Schottland zwei- oder dreimal wiederbefüllt, wobei die Qualität der Whiskys deutlich nachlässt. First-fill-Fässer sind nicht nur begehrt und teuer, sondern lassen den Whisky auch

schneller reifen. Fässer, die zwei- oder dreimal wiederbefüllt wurden, geben weniger Geschmack an den Whisky ab und werden ab der dritten Wiederbefüllungen nur noch für die Lagerung von Blends verwendet.

Auch die Größe der Fässer ist von Bedeutung. Bourbonfässer *(barrels)* können bis zu 200 Liter fassen, während Sherryfässer *(butts)* bis zu 500 Liter aufnehmen können. Je kleiner ein Fass, desto größer ist der Kontakt des Whiskys mit dem Holz und desto schneller verläuft die Reifung.

Die Fässer liegen in Schottland in kühlen feuchten Lagerhäusern, wobei immer ein Teil des Whiskys verdunstet, der sogenannte *angels' share* (Anteil der Engel). Aufgrund der Lagerungsbedingungen verlieren die schottischen Whiskys im Laufe des Reifungsprozesses anteilig mehr Alkohol als Wasser (pro Jahr darf dieser Anteil aufgrund rechtlicher Bestimmungen bei max. 2,5 Prozent liegen).

UNTERKÜNFTE

Craigellachie Hotel

Victoria Street
Craigellachie AB38 9SR
Tel. +44 (0) 8444 14 65 26
www.oxfordhotelsandinns.com/OurHotels/Craigellachie

Die Bar des berühmten Speyside-Hotels könnte Whiskyliebhaber für Jahre unterhalten. Die Auswahl an 700 verschiedene Single Malts mit einigen, die mehr als 100 Pfund pro Dram kosten, hat auf Ausstellungen in der ganzen Welt Preise eingeheimst. Die Zimmer sind etwas altmodisch, aber komfortabel.

Minmore House

Das Zuhause des früheren Destillerie-Gründers George Smith ist heute ein Landhotel mit exzellentem Ruf. Die Zimmer überblicken das Glen, die Suiten sind fabelhaft und sehr persönlich, das Frühstück vollkommen und der *afternoon tea* ein lokales Ereignis. An der Bar kann man aus über 100 Single Malts wählen.

Glenlivet AB37 9DB
Tel. +44 (0) 1807 59 03 78
enquiries@minmor
househotel.com
www.minmore
househotel.com

Dunallan House

Die schöne viktorianische Villa liegt in einer ruhigen Seitenstraße von Grantown. Die Zimmer sind geschmackvoll und das Frühstück eines der besten der Speyside. Frische Beeren, Bio-Produkte und Lachs. Am Abend kann man in den Parkanlagen bis hinunter zum Fluss Spey spazieren.

Woodside Avenue
Grantown-on-Spey PH26 3J
Tel. +44 (0) 1479 87 21 40
www.dunallan.com

RESTAURANTS & WHISKYBARS

Mash Tun

8 Broomfield Square
Aberlour AB38 9QP
Tel. +44 (0) 1340 88 17 71
info@mashtun-aberlour.com
www.mashtun-aberlour.com

Am Ufer des Flusses Spey kombinieren Mark und Karen Braidwood großartige zeitgemäße schottische Küche mit ihrer Leidenschaft für das Whiskytrinken. Die Bar ist mit einer riesigen Whiskyauswahl bestückt, deren Juwel sicher die exklusive Glenfarclas Family Cask Collection mit Whiskys aus den Jahren 1952 bis 1995 ist.

Castle Hotel

Huntly AB54 4SH
Tel. +44 (0) 1466 79 26 96
info@castlehotel.uk.com
www.castlehotel.uk.com

Im früheren Witwenhaus des Duke of Gordon wird heute feinste Küche serviert. Durch die hohen georgianischen Fenster kann man die wunderschöne Parklandschaft bestaunen. Die Preise sind erstaunlich erschwinglich (für Hauptgerichte £ 9–16).

Darroch Learg

Braemar Road
Ballater AB35 5UX
Tel. +44 (0) 13397 55 443
www.darrochlearg.co.uk

Chefkoch David Mutter kocht so gut wie kein anderer im Nordosten von Schottland und hat etliche Auszeichnungen erhalten. Herrliche Ausblicke vom Wintergarten auf die Grampian Mountains. Fantastische Weine.

Gordon & MacPhail

Der wohl berühmteste Whiskyladen Schottlands hat 1895 als Warenhaus für Lebensmittel, Weine und Spirituosen seine Türen geöffnet und besitzt mittlerweile die wohl bedeutendste Auswahl an Whiskys auf der Welt. In einer Zeit, wo die Kunden vornehmlich Blended Whisky tranken, begannen Gordon & MacPhails neue Whiskys von Schottlands führenden Destillerien zu kaufen und zu sammeln. Die Whiskys wurden in ausgewählten Fässern gealtert und im besten Moment der Reife in Flaschen abgefüllt. Das meiste kann im Verkaufsladen auf der High Street in Elgin gefunden werden, das trotz weltweiter Kundschaft seinen Traditionen treu geblieben ist.

58–60 South Street
Elgin IV30 1JY
Tel. +44 (0) 1343 54 51 10
retail@gordonandmacphail.com
www.gordonandmacphail.com

Tomintoul Whisky Castle

Die Straße zum höchstgelegenen Dorf in den Highlands ist zwar dafür berüchtigt, im Winter notorisch mit Schnee blockiert zu sein, im Sommer allerdings lohnen sich die malerische Fahrt und ein Besuch des örtlichen Whiskyladens. Der Besitzer Mike Drury klärt gewitzt über den Inhalt seiner aberhundert Flaschen Whisky auf und lässt vor dem Kauf großzügig verkosten.

6 Main Street
Tomintoul AB37 9EX
Tel. +44 (0) 1807 58 02 13
www.whiskycastle.com

Whisky Shop

1 Fife Street
Dufftown AB55 4AL
Tel. +44 (0) 1340 82 10 97
www.whiskyshop dufftown.co.uk

Der Laden in Dufftown im Herzen der Speyside hat alle wichtigen Abfüllungen und Sondereditionen aus den Brennereien ringsum im Sortiment. Für Liebhaber unbedingt einen Abstecher wert.

EVENT

Spirit of Speyside Whisky Festival

Dufftown
www.spiritofspeyside.com

Anfang Mai findet in der Speyside vier Tage lang das süffigste Whiskyfestival Schottlands statt. In Kirchen, Gemeindehallen, Whiskyläden, Restaurants und Hotels finden Seminare, Verkostungen, Ausstellungen und Konzerte statt. In den Brennereien kann man VIP-Führungen und Meisterklassen beiwohnen. Und selbst Brennereien, die sonst für Besucher geschlossen haben, öffnen zu dieser Zeit ihre Pforten. Den Abschluss macht ein Open-Air-Konzert an den Flussauen in Aberlour.

Speyside

Orkney-
Inseln
ATLANTISCHER
OZEAN
Mainland
Kirkwall
Highland Park
Hoy
Pentland Firth
Durness
Thurso
Wick
Old Pulteney
Lewis
Stornoway
Abhainn Dearg
North Minch
NORD-
SEE
Clynelish
Brora
Ullapool
Dornoch
Harris
Lochewe
Balblair
Glenmorangie
Gairloch
Dalmore
Moray Firth
North
Uist
Little Minch
Dingwall
Nairn
Skye
Portree
Glen Ord
Inverness
Tomatin
South
Uist
0 km
40
Barra

NORTHERN HIGHLANDS, ORKNEY & ÄUSSERE HEBRIDEN

»Es war eine der schönsten Reisen in meinem Leben, jedenfalls die poetischste. Ich habe nie Einsameres durchschritten«, schrieb Fontane als Resümee seiner Schottlandreise. Was der Dichter im Jahre 1858 erlebte – die Einsamkeit, Wildheit und Poesie der Landschaft –, trifft auch heute noch zu, und zwar vor allem im Norden des Landes. Traumhaft schöne Seen- und Berglandschaften, Steilküsten und endlose Moore, karibischblaue Buchten und Sandstrände bilden die Kulisse für eine der erstaunlichsten Regionen Europas.

Durchschnittlich acht Menschen wohnen auf einem Quadratkilometer der moorigen Tälern, der alten, stark erodierten Gebirgsformationen und der zerklüfteten Küsten, in die sich die Gewalt der Ozeans gebissen und mit tiefen Fjorden eine Landschaft geschaffen hat, die der Norwegens ähnlich ist. Zu den schönsten Strecken Schottlands gehört sicher die einspurige Straße, die etwa 200 Kilometer vom hübschen Ullapool

entfernt über Durness bis nach Thurso führt. Die Kraft der Wellen, die vom Pentland Firth hier an die Strände rollen, wird oft mit denen Hawaiis verglichen. Am Horizont sind an klaren Tagen die Orkney-Inseln sichtbar. Die Brennereien im Norden von Schottland sind nicht einfach zu erreichen und fordern eine zum Teil recht lange Anreise. Lohnenswert sind sie allemal.

In der Kargheit und Abgeschiedenheit der Landschaft im Norden Schottlands war das Whiskybrennen oft zum Überleben notwendig. Farmersöhne wurden für ein paar Monate in die Lowlands geschickt, um dort das Geld für eine illegale Brennblase zu verdienen. Diese waren recht klein, sodass sie bei Kontrollen schnell zusammengepackt werden konnten. Als sich die Gesetze verschärften, drückten selbst Großgrundbesitzer ein Auge zu, garantierte doch die illegale Produktion von Whisky, dass die Pacht bezahlt werden konnte.

Die äußeren Hebriden, eine Inselkette weit draußen im Atlantik, wo der Seegang rau und der Wind stürmisch ist, wo die Urkraft der Natur das Leben bestimmt, bestehen aus dem ältesten Gestein der Welt und scheinen wie eine Schutzwehr der schottischen Westküste die Elemente abzufangen. Fast drei Stunden dauert die Fahrt von Ullapool nach Stornoway bei normalem Seegang. Hier wurde an einem herrlichen Sandstrand

Scapa Distillery

2007 eine der neuen Brennerei Schottlands gegründet, Abhainn Dearg – die Destillerie »am roten Fluss«.

Jahrhundertelang zu Norwegen gehörend pflegen die Orkney- und Shetland-Inseln ihre eigene Identität und Kultur, die nicht zuerst schottisch, sondern nordisch geprägt ist. Von den rund 70 Orkney-Inseln sind 20 bewohnt, und das seit mehr als 5.500 Jahren, was einige der ältesten und besterhaltenen Funde Europas aus dem Neolithikum beweisen. Aus Archiven weiß man, dass auf Orkney seit dem 15. Jahrhundert große Mengen an Whisky und Bier produziert wurden und zwar aus *bere*, einer speziellen Gersteart, die wahrscheinlich im neunten Jahrhundert von den Wikingern eingeführt wurde. Obwohl bis heute in vielen Farmen für den Eigenbedarf gebraut und gebrannt wird, sind Scapa und die Highland Park Distillery die einzigen offiziellen Brennereien.

BOTHAIN

In den abgelegenen Gegenden der Highlands werden einfachste Unterkünfte zum Schutz für Wanderer und Bergsteiger als *bothan* (gälisch für »kleine Hütte«, heute auch *cottage*) bezeichnet. Von den Western Islands aber weiß man, dass *bothain* semilegale Trinkspelunken z.B. in alten verlassene Häusern waren, wo die Männer einer Dorfgemeinschaft zusammenkamen, um Whisky zu trinken. Trotz Kirche und presbyterianischer Strenge haben *bothain* noch bis vor Kurzem existiert.

Bothan in den Highlands

Tomatin

Mit einer Kapazität von fünf Millionen Litern pro Jahr ist Tomatin eine der ergiebigsten und größten Brennereien Schottlands. Die heute in japanischer Hand befindliche Brennerei wurde erst 1897 gegründet, obwohl im Dorf Tomatin nachweislich seit dem 16. Jahrhundert Whisky an Viehhändler und Reisende verkauft wurde. Der zum Großteil für die Blend-Industrie gebrannte Whisky wurde in den letzten Jahren vermehrt als Single Malt vermarktet. Die Führungen sind leider nicht empfehlenswert. Die Besucher können lediglich aus der Distanz einen Blick in die Eingeweide der Brennerei werfen, während die Guides von einem Rednerpult mit Mikrofon aus die Gruppen beschallen.

Tomatin IV13 7YT
Tel. +44 (0) 1463 24 81 44
marie@tomatin.co.uk
www.tomatin.co.uk

Führungen: £ 7
Nov-Maerz: Mo-Sa 10-15:00, So 12-15:00
Apr-Okt: tgl 9:30-16:30
(Anmeldung empfohlen)

Taste of Tomatin: £ 15
(1,5 Std., erweiterte Führung und Tasting von 6 Drams)

Neu: Single Cask Experience: £ 30
(1,5 Std. erweiterte Führung und Tasting von 5 single cask Whiskies)

Glenmorangie

Ross-shire IV19 1PZ
Tel. +44 (0) 1862 89 24 77
website@glen
morangie.co.uk
www.glenmorangie.com

Am Südufer des Dornoch Firth, nahe des vorzeigbaren Badeorts Tain, wird der bestverkaufte Single Malt Großbritanniens gebrannt und jährlich in zehn Millionen Flaschen abgefüllt. Die Destillerie ist 1843 aus einer Brauerei entstanden und war bis 2004 im Besitz der MacDonald-Familie, dann wurde der Komplex an die französische Firma Moët Hennessy & Louis Vuitton verkauft. Seitdem wird mit neuem Design und kurvigen Flaschen eine ganze Palette an *wood finishes* mit exotisch klingenden Namen auf den Markt gebracht. Die Brennblasen sind angeblich die größten Schottlands, die Führungen professionell. Das schicke Besucherzentrum ist auf viele Gäste eingestellt.

Führungen:	£ 7
Hochsaison	tgl. stdl. 10-16 Uhr
Midseason:	Mo-Sa std. 10-15 Uhr
Low season:	Mo-Fr 10 & 14 Uhr, Anmeldung notwendig

Signet Tour £ 30
(Führung + 2 Drams, Juni-Aug. tgl. 10 und 14 Uhr, Apr/Mai/Sep/Okt Mo-Fr 11:00)

Heritage Tour £ 120
(geschichtsorientierte Führung, Mittagessen + 3 Drams, nur mit Voranmeldung)

Glen Ord

Neun legale Brennereien hat es auf der Black Isle früher gegeben. Auf der fruchtbaren Halbinsel wird bis heute Gerste angebaut und im Großbetrieb Glen Ord Maltings gemälzt. Zwar wurde die Brennerei bereits 1838 gegründet, aber die etwas ausdrucklose Fassade ist das Ergebnis einer Renovierung in den 1960er-Jahren. Kurioserweise sind die Standardabfüllungen nur in Asien und in der Brennerei selbst erhältlich – ein guter Grund für einen Besuch. Besucher sollten sich bei den Führungen auf ein typisches Diageo-Erlebnis einstellen.

Muir of Ord IV6 7UJ
Tel. +44 (0) 1463 87 20 04
glen.ord.distillery@diageo.com
www.discovering-distilleries.com/glenord

Führungen: £ 6
halbstdl.
Nov.-Feb.: Mo-Fr 11-16 Uhr
März-Okt.:: Mo-Sa 11-16 Uhr
April, Mai, Sept.,: Mo-Sa 10-17 Uhr
Juni-Aug.: Mo-Sa 10-18 Uhr, So 12-16 Uhr

Neu: Singleton of Glen Ord Tasting Tour:
£ 15 (Führung + 3 Drams Singleton)

Glen Ord Tasting Experience: £ 25
(Führung + 3 Drams Singleton + 2 Drams aus dem Fass)

Dalmore

Alness IV17 0UT
Tel. +44 (0) 1349 88 23 62
www.thedalmore.com

Die Brennerei, deren gälischer Name sich mit »große Wiese« übersetzen lässt, gehörte lange Zeit der Mackenzie-Familie, deren Familienhirsch auch die Flaschen ziert. Obwohl die Brennerei inzwischen zur United Breweries Group gehört, einem indischen Großkonzern, geht hier alles recht familiär zu. Tatsächlich arbeiten einige der Angestellten schon seit der dritten Generation in Dalmore. Die Ausstattung der Destillerie ist charaktervoll und insbesondere die ungewöhnlichen Brennblasen aus dem Jahr 1874 mit ihrem Kühlungsmantel, durch den die Flüssigkeit schon im Hals destilliert, sind bemerkenswert.

Führungen: £ 8
April-Sept.: Mo-Sa 10 & 17 Uhr
Okt.-März: Mo-Fr 10-17 Uhr

Alchemy Tour: £ 25
(Führung + 6 Dram, Anmeldung notwendig)

Clynelish

Brora KW9 6LR
Tel. +44 (0) 1408 62 30 00
clynelish.distillery@diageo.com
www.discovering-distilleries.com/clynelish

Eine weitere Diageo-Brennerei mit einer faszinierenden Geschichte. Der Duke of Sutherland, der für seine Grausamkeit und die Vertreibung von ca. 1.500 Menschen bekannt war, gründete die Brennerei, um die Einnahmen zu steigern, die er mit seiner Gerste machte. 1967 wurde

auf dem gleichen Gelände eine neue Destillerie erbaut und die alte geschlossen, die man jedoch 1975 wiedereröffnete und in Brora umtaufte. Brora, der »Lagavulin of the North«, soll der am meisten getorfte Whisky der Highlands gewesen sein. 1983 wurde die Destillerie endgültig geschlossen. Obwohl die Nachfrage nach Brora in den letzten Jahren stark gestiegen ist, zeigt Diageo keine Ambitionen, die Brennerei wieder in Betrieb zu nehmen. Die Führungen durch Clynelish beinhalten einen kurzen Abstecher zur alten Brora Distillery und sind daher äußerst interessant.

Clynelish Destillery

Führungen:	£ 6
Nov.-Feb.:	Mo-Fr 11 & 14 Uhr
März-Mai, Okt.:	Mo-Fr 11, 12:30, 14 & 16 Uhr
April-Okt.:	Mo-Sa 10-16 Uhr,
Juni-Sept:	auch So 12:30-16 Uhr

Taste of Clynelish Tour: £ 12
(Führung und Verkostung des Clynelish 14 Year Old, Clynelish Distillers Edition und des Clynelish Distillery Only Cask Strength Bottling)

Taste of the Highlands: £ 45
(erweiterte Führung + 3 Drams + Drams aus dem Fass)

Neu: Brora Experience: £ 120
(erweiterte Führung + Clynelish Distillery Only Bottling, Clynelish Select Reserve, Special Release Brora 2013 and Brora 2014)

Brora Helmsdale

Old Pulteney

TIPP

Huddart Street
Wick KW1 5BA
Tel. +44 (0) 1955 60 23 71
www.oldpulteney.com

Die frühere Hafermühle wurde 1826 von James Henderson n eine Brennerei umgebaut und blieb bis in die zwanziger Jahre des 20. Jahrhunderts im Familienbesitz. Wick galt lange Zeit als die Heringshauptstadt Schottlands, weshalb viele der Brennereiarbeiter als Fischer oder Küfer tätig waren, die Fässer für geräucherten Lachs herstellten. Der Name der Destillerie stammt von Sir William Pulteney, der 1810 Teile des Städtchens mitsamt des Fischereihafens erbaute. Angeblich soll der Whisky ungewöhnlich schnell reifen, woher das »Old« im Namen stammt. Im maritim dekorierten Besucherzentrum können aus zwei Fässern Flaschen abgefüllt werden.

Führungen: £ 7
Okt-Apr: Mo-Fr 10-16 Uhr
Mai-Sep: Mo-Fr 10-17, Sa 10-15 Uhr

Neu: Additional Expressions: £ 20
(Führung + 2 weitere Drams)

Manager's Master Class Tour: £ 65
(2 Std. Managerführung + 5 Drams)

Balblair

TIPP

Lange Zeit war die hübsch gelegene und bereits 1790 von John Ross erbaute Brennerei Besuchern nicht zugänglich. Seit 2012 aber kann man Führungen beiwohnen und im niegelnagelneuen Besucherzentrum sogar eigene Flaschen abfüllen. Die Brennerei unterhält eines der ältesten Archive zur Whiskyproduktion – mit einem ersten Eintrag vom 25. Januar 1800. Der Manager John MacDonald übernimmt auf Anfrage einige der Führungen selbst.

Edderton IV19 1LB
Tel. +44 (0) 1862 82 12 73
www.balblair.com

Führungen: £ 6
ganzjährig Mo-Fr 11 & 14 Uhr
(Anmeldung notwendig)

Vintage Moments Tour: £ 20
(Führung und Verkostung,
3 zusätzliche Drams)

Enthusiast Tour: £ 40
(Verkostung von vier Vintages,
Anmeldung notwendig)

Highland Park

Die nördlichste Whiskybrennerei Schottlands blickt auf die Bucht von Scapa Flow und sieht mit ihren Sandsteinfassaden sehr adrett aus. Ein Teil der Gerste wird noch selbst gemälzt, der Torf für den mit gewöhnlich 20 ppm getorften Whisky im Hobbister Moor lokal gestochen. Die

Holm Road
Kirkwall, Orkney KW15 1SU
Tel. +44 (0) 1856 87 46 19
distillery@highlandpark.co.uk
www.highlandpark.co.uk

Geschichte von Highland Park begann 1798, als Magnus Eunson anfing, auf dem Gelände schwarz zu brennen. 1825 erbaute Robert Borwick die heutige Brennerei, die ein Jahr später ihre Lizenz erhielt. Von 1997 bis 2005 betrieben die Mitarbeiter auch die nahe gelegene Scapa-Destillerie und durften im Ausgleich dafür die dortigen Lagerhäuser mitbenutzen. Während Scapa für Besucher nicht zugänglich ist, bietet Highland Park ein durch professionelles Marketing glattgebügeltes Brennereierlebnis. Ein Blick ins Lagerhaus wird nur hinter Glas gewährt.

Führungen:	£ 7.50
April/Sept.:	Mo-Fr stdl. 10-16 Uhr
Mai-Aug.:	Mo-Sa 10-16 Uhr, So 12-16 Uhr
Okt.-März:	Mo-Fr 14 & 15 Uhr

Connaisseur Tour: £ 35
(ausführlichere Führung, Verkostung des 12-, 15-, 18- & 25-jährigen Highland Park, Anmeldung notwendig)

Magnus Eunson Tour: £ 75
(Führung mit einem Senior Guide, Verkostung des 12-, 15-, 18-, 25-, 30- & 40-jährigen Highland Park, Anmeldung notwendig)

Lochewe

Die unbestreitbar winzigste Brennerei Schottlands ist zugleich eine legale Anomalie. Die Brennblasen sind so klein, dass sie offiziell als illegal klassifiziert sind. Nur durch eine spitzfindig entdeckte Lücke im Gesetz konnte die Gründung der Brennerei durchgesetzt werden. Was anderswo als *new make spirit* durchgeht, wird hier mit Begeisterung getrunken – ganz im alten Stil der Gälen. Während eines fünftägigen Kurses kann man sein eigenes Fass befüllen und mit nach Hause nehmen. In der Bar des angrenzenden Drumchork Lodge Hotels kann man aus über 500 Single Malts wählen.

Drumchork Estate
Aultbea IV22 2HU
Tel. +44 (0) 1445 73 12 42
info@lochewedistillery.co.uk
www.lochewedistillery.co.uk

Führungen: £ 10
Ostern-Sep.: tgl 10-18 Uhr.
Nebensaison nur auf Anfrage

Neu: Distilling masterclass: £ 55
(mit Flaschenabfüllung)

Fünf-Tage-Intensivkurs: £ 1.000
(Übernachtung & Frühstück,
Schulung & Zertifikat, Fass)

Abhainn Dearg

Die 2007 von Mark Tayburn eröffnete Brennerei ist nicht nur die erste legale Destillerie auf den Äußeren Hebriden, sondern liegt auch an einem der schönsten Strände der Welt. Der erste dreijährige

Carnish,
Isle of Lewis HS2 9EX
Tel. +44 (0) 1851 67 24 29
www.abhainndearg.co.uk

Der Strand bei Carnish

Malt wurde 2011 auf dem Royal National Mòd Festival präsentiert. Der Besitzer selbst führt mit Stolz durch die familiäre Anlage.

Führungen: £ 5, halbstdl.
ganzjährig Mo-Fr 11-13 & 14-16 Std.

Harris Distillery

Tarbert,
Isle of Harris HS3 3DJ
Tel: 0044 1859 502212
www.harrisdistillery.com

Auf der Insel Harris, einem kargen Eiland der Äussere Hebriden wurde im Oktober 2015 die erste und einzige Brennerei der Insel eröffnet. Die Distillerie wurde von dem amerikanischen Musikologen Anderson Bakewell gegründet und von Simon Erlanger (früher bei Glenmorangie) geführt. Die Brennerei arbeite an 6 Tage die Woche und im Foyer schafft ein Torffeuer eine anheimende Atmosphäre. Im Brennerei-Laden liegen lokale Produkte, Kunsthandwerk, Bücher und auch hauseigener Gin zum Verkauf aus. Denn wie auch in anderen neuen Brennereien wird die finanzielle Dürreperiode (bis der Whisky zur richtigen Reife gekommen ist) durch die Produktion des neuen Trend-Getränks Gin überbrückt. Der Gin wird mit 9 Kräutern und lokalen Süss-Algen gebrannt und hat bereits einige Preise eingeheimst. Die ersten Whisky-Abfüllungen – der The Hearach Single Malt – aus Bourbon, Sherry und Roggenwhisky-Fässern wird 2019 erwartet, 300 000 Flasche jährlich sollen angefüllt werden.

Mo-Sa 10-18 Uhr, Dauer 1,5 Std., £ 10

UNTERKÜNFTE

Forss House Hotel

Das von einem weitläufigen Waldgebiet umgebene, am Meer liegende Herrenhaus ist das beste Hotel im ganzen Umkreis! Die Zimmer sind geräumig und himmlisch still. Und die Bar im heimeligen Kaminzimmer zieren über 300 verschiedene Whiskys.

Forss KW14 7XY,
nahe Thurso
Tel. +44 (0) 1847 86 12 01
anne@forsshousehotel.co.uk
www.forsshousehotel.co.uk

Tanglewood House

Von der Terrasse und den romantisch eingerichteten Zimmern aus überblickt man das malerische Loch Broom. In der Bibliothek des geschmackvollen Salons kann man stundenlang schmökern. Die Wirtin Anne Holloway kocht das beste Cordon Bleu und wahrscheinlich auch das beste Dinner von Ullapool.

Ullapool IV26 2TB
Tel. +44 (0) 1854 61 20 59
www.tanglewoodhouse.co.uk

Boath House

Im klassischen und perfekt restaurierten Landhaus von Don und Wendy Matheson ist alles grandios und prachtvoll. Die »intuitive Küche« von Mr. Lockley verwendet nur beste lokale Zutaten und frische Kräuter aus dem hauseigenen Garten. Exzellent!

Auldearn, Nairn IV12 5TE
Tel. +44 (0) 1667 45 48 96
info@boath-house.com
www.boath-house.com

Baile-na-Cille

Timsgarry,
Isle of Lewis HS2 9JD
Tel. +44 (0) 1851 67 22 42
richardgollin@aol.com
www.bailenacille.co.uk

Die Lage des Landhauses ist einmalig. Waren sie einmal so weit weg von allem, kehren die meisten Gäste immer wieder zurück in dieses wunderbare Haus am Meer, das außerdem jede Menge Bücher, ein Spielzimmer für Kinder, einen Tennisplatz und einen Strand mit türkisblauem Wasser bietet.

Sui Generis

Redbanks,
Orkney KW17 2AA
Tel. +44 (0) 1857 62 22 19
guestrooms@suigeneris
furniture.co.uk
www.suigeneris
furniture.co.uk

Originell, witzig, charmant und stilvoll sind die Gästezimmer des Künstlers Colin Kerr, der mit Holz Gegenstände wie Möbel, Bücher und Skulpturen gestaltet.

Scapa Flow, Orkney-Inseln

RESTAURANTS UND WHISKYBARS

The Anderson

Nördlich von Inverness in einem malerischen Dorf auf der Halbinsel Black Isle gelegen ist das urige Inn die perfekte Basis, um die Glen Ord und die Dalmore Distillery zu besichtigen. Auf der Karte finden sich Fassbiere, belgische Biere, hochgelobtes Essen und eine eindrucksvolle und vernünftig bepreiste Auswahl an mehr als 200 Single Malts v.a. von geschlossenen Brennereien.

Union Street
Fortrose IV10 8TD
Tel. +44 (0) 1381 62 02 36
info@theanderson.co.uk
www.theanderson.co.uk

Mackays Hotel

Die Stadt Wick mag zwar manchmal etwas trostlos wirken, hat aber eineigenes »Whiskykonsulat«: das Mackays Hotel. Die Bar unterhält eine erstklassige Auswahl an Malts und wird von einem echten Whiskyenthusiasten geführt. Durch die enge Beziehung zur nahe gelegenen Old Pulteney Distillery kann man im Mackays einen hauseigenen Pulteney verkosten.

Union Street
Wick KW1 5ED
Tel. +44 (0) 1955 60 23 23
info@mackayshotel.co.uk
www.mackayshotel.co.uk

Melvaig Inn

Melvaig Gairloch IV21 2DZ
Tel. +44 (0) 1445 77 12 12
www.melvaig-inn.co.uk

Die Anreise über die enge Straße mit den Ausblicken auf Skye und Lewis lohnt sich. Zwischen den rustikalen Steinwänden und Holzdielen des Restaurants steigt urige Behaglichkeit auf. Besonders die Gairloch-Muscheln frisch vom Boot werden einfach, aber schmackhaft zubereitet.

Melvaig, Gairloch

Brora Distillery

Brora KW9 6LR

In der kleinen Ortschaft Brora, wo früher die erste Kohlemine der Highlands in Betrieb war, kann man direkt neben der Clynelish Distillery die komplett erhaltenen Gebäude der 1819 gebauten Brora Distillery besichtigen. Die Brennerei wurde 1968 geschlossen, um dem Neubau einer größeren Brennerei, der Clynelish Distillery, Platz zu machen. Die Produktion wäre wohl nie mehr angekurbelt worden, hätte es nicht im Sommer 1968 eine Dürreperiode auf der Insel Islay und ein Lieferdefizit an torfigem Whisky gegeben. Insbesondere die immer populärer werdenden Johnnie-Walker-Blends benötigten für ihr Blendrezept getorften Whisky im Stil der Islay-Whiskys. Aus diesem Grund lief die Arbeit in der Brora-Brennerei 1969 erneut an und für weitere vier Jahre wurde hier der torfigste Whisky der Highlands produziert, auch »Lagavulin of the North« genannt. 1983 wurde die Destillerie endgültig geschlossen, inzwischen werden nur noch die Lagerhäuser genutzt. Obwohl Brora als Geheimtipp gilt und die Nachfrage in den letzten Jahren stark gestiegen ist, zeigt Diageo, der heutige Besitzer, keine Ambitionen, die Brennerei wieder in Betrieb zu nehmen. Die Brennerei kann in Verbindung mit einer Führung durch die Clynelish Distillery besichtigt werden.

2002
25572
DISTILLERY

WHISKY IM SCHOTTISCHEN ALLTAG

Die Schotten des 21. Jahrhunderts genießen wie die meisten Europäer eine abwechslungsreiche flüssige Kost, die die Produkte vieler Nationen enthält: Bier vom ganzen Globus, Wein aus Europa und der »Neuen Welt«, Tequila aus Mexiko und zahlreiche andere Spirituosen wie Wodka und Gin. Whisky allerdings nimmt immer noch einen speziellen Platz in der Kultur und im persönlichen Leben vieler Schotten ein.

Wegen der angeblichen medizinischen Eigenschaften, seiner vermeintlich antiseptischen Wirkung, kommt ein Großteil der Schotten bereits im Kindesalter mit Whisky in Berührung. Zahnenden Babys z.B. wird mit dem Finger etwas Whisky auf den Gaumen gerieben, obwohl die Gesundheitsverbände diese Praxis wohl sicher offiziell nicht propagieren würden. Auch Geschwüre werden ähnlich behandelt und die kränkelnden Stellen mit Whisky betupft. Bei Erkältungen schwören Schotten wie Iren generationsübergreifend auf *hot toddy*, den man heiß aufgebrüht vor dem Einschlafen trinken soll. Das Getränk aus kochenden Wasser,

Whisky und Honig wird von Schniefnasen je nach Region noch mit Nelken, Zimt und Zitrone verfeinert.

Während der amerikanischen Prohibition in den 1920er-Jahren genossen Whiskys wie Laphroaig in den USA das einzigartige Privileg, als Medizin und nicht als Genussmittel klassifiziert zu sein. So gelang es Scotch Whisky als einzigem Alkohol auch während der puritanischen Anti-Alkohol-Bewegung nach Amerika importiert zu werden. Ein Forschungsprojekt im Jahr 1998 kam zu dem Schluss, dass das Trinken von lange gereiftem Whisky Herzanfällen vorbeugen soll. Demnach versorgt der Genuss eines üppigen Drams Whisky pro Woche den Körper mit Phenolen, die den Kampf gegen Krankheiten erleichtern sollen.

Die geselligkeitsfördernden Eigenschaften von *uisge-beatha* sorgen dafür, dass Whisky bei sozialen Zusammenkünften, Festen und Familienfeiern in Schottland allgegenwärtig ist und er bei manchen Bräuchen sogar die Hauptrolle spielt. In der Silvesternacht, wenn die Glocken zur Jahreswende läuten, wird mit Whisky Hogmanay, das neue Jahr, eingeweiht. Der erste Januar beginnt traditionell mit dem *first-footing*, bei dem man von Haus zu Haus zieht und mit einer Flasche Whisky und Geschenken über die Türschwelle von Freunden und Nachbarn tritt. Kohle, Salz, Shortbread (Butterkekse) oder Black Bun (Früchtepudding) sollen den Freunden dabei Glück bringen.

In einigen abgelegenen Highland-Dörfern hat der alte Brauch überlebt, am ersten Januar den Haushalt und das Vieh zu segnen. Hierbei wird ganz zeitig am Morgen Wacholder verbrannt, als magisch angesehenes Wasser getrunken und dann um das Haus versprengt. Nachdem jedes Zimmer, alle Betten und Einwohner Wasser abbekommen haben, wird das Haus verriegelt und der brennende Wacholder durch Heim und Stall getragen. Erst wenn alles zugequalmt ist, alle niesen und husten, werden die Türen und Fenster geöffnet und die frische Luft und damit das neue Jahr eingelassen. Die Hausfrau tischt alsdann Stärkungen auf, woraufhin sich die ganze Familie mit einer Whiskyflasche zum Neujahrsfrühstück niedersetzt und »Auld Lang Syne« singt, die Hymne des schottischen Nationalbardens Robert Burns.

Ihm zu Ehren wird auch das zweite wichtige Fest in Schottland gefeiert: Am 25. Januar, an seinem Geburtstag, findet die Burns Night statt. Auch hier ist Whisky – neben Haggis, Liedern und Gedichten – die vitale Komponente der Feierlichkeiten. Auch das jährliche Festival der gälischen Kultur und des Zusammenkommens der Highlander – die National Mod – bietet nicht nur Gesangswettbewerbe, hier wird sich auch inoffiziell im Trinken gemessen. Nicht umsonst ist das Festival auch als Whisky-Olympiade bekannt.

Schottland ist undenkbar ohne seine urigen holzvertäfelten Pubs, die einen nicht zu unterschätzenden Stellenwert im Alltagsleben der Schotten einnehmen. Jedes noch so kleine Dorf unterhält mindestens einen Pub, dessen Stellenwert oft den der Kirche überbietet. Diese sogenannten *public houses* sind Orte der soziale Gemeinschaft, die – mit Teppichen, viel Holz, Billardtischen, Fernseher und Gardinen ausgestattet – oft das heimatliche Wohnzimmer ersetzen. Noch bis noch in die 1970er-Jahre hinein war es Frauen untersagt, in den Pub zu gehen. Und auch heute gibt es v.a. in den Arbeitervierteln der Städte noch immer traditionelle old men's pubs, wo sich alte Männer um den Tresen versammeln und a hauf and a hauf bestellen – ein halbes Pint Bier und einen Dram Whisky – aber keinen Single Malt, sondern billigen Fusel, da es nicht um geschmackliche Extravaganz, sondern nur um die Wirkung geht. Zur großen Verwunderung von Touristen, die die Seele Schottlands in Malz-Whiskys suchen, konsumieren die gewöhnlichen Schotten oft nur Blended Scotch wie Bell's, Haig oder Famous Grouse. Single Malts werden als Luxusgüter erachtet und für Besucher gut sichtbar in den Regalen aufgereiht. Die berühmte Quaich Bar im Craigellachie Hotel z.B. beherbergt rund 700 Whiskys und gilt als eine der profundesten Whiskysammlungen der Welt. Die teuersten Sorten stehen ganz oben in den Holzregalen. Die *locals*, die Einheimischen, fin-

det man hier nicht, denn für den Preis mancher Flaschen könnte man eine ganze Abendgesellschaft ausrichten.

Whisky und Schottland – das ist eine Geschichte mit vielen Gesichtern. Auf der einen Seite gibt es die Feriengäste und die Autoren feuilletonistischer Texte, die dem »Mysterium« des Malz-Whiskys nachspüren wollen, auf der anderen Seite die hartgesottenen Trinker. Überhaupt kämpft Großbritannien seit eh und je gegen die Alkoholprobleme der Briten. Man schätzt, dass Mitte des 18. Jahrhunderts ein Viertel der Bevölkerung zu jeder Tageszeit betrunken war. Und auch heute trinkt sich selbst an den Universitäten gut ein Viertel aller Studenten gerne und regelmäßig an die Komagrenze. Noch heute wird die höchste Sterberate durch Alkoholismus und seine Folgen verursacht, und während die Leberzirrhose in

allen anderen europäischen Ländern abnimmt, steigt die Zahl der Krankheitsfälle auf der Insel stetig an. Deshalb wurde bereits 1915 gesetzlich die Sperrstunde eingeführt und der Ausschank nach 23 Uhr verboten. So konnte man in den Pubs gegen elf eine Glocke schellen hören, es wurde das Licht angemacht oder jemand brüllte von der Theke: »Last order«, woraufhin man sich noch einen letzten Drink bestellen konnte. Das Gesetz galt bis 2005, dann wurde es wegen des *binge drinking*, des exzessiven Alkoholkonsums innerhalb kurzer Zeit, wieder außer Kraft gesetzt.

Whisky wurde nicht nur für die ausschweifenden Trinkgewohnheiten der Schotten gebrannt, sondern v.a. dafür, die schimmelanfällige Gerste haltbar zu machen und durch den Winter zu bringen. Seine wärmende, anheimelnde Wirkung steht auch für das Überleben im kalten feuchten Klima Schottlands. Reisende oder Besucher wurden und werden mit einem Dram willkommen geheißen und mit einem obligatorischen *deoch an dorais* bzw. *one for the road* wieder verabschiedet. Gastfreundschaft wird heute wie damals ernst genommen. *Sláinte mhath* – auf die Gesundheit!

WHISKYREZEPTE

Schottische Küche

Die schottische Küche ist besser als ihr Ruf in Mitteleuropa. Die üppige delikate Kost hatte zumindest in der wohlhabenden Oberschicht schon lange Tradition. Dort beeinflusste seit dem Mittelalter die *Auld Alliance* zwischen Schottland und Frankreich, was auf polierte schottische Teller kam. Die Berge, Wälder, Flüsse und Meere in Schottland sind so wild- und fischreich, dass eine wichtige Besonderheit der Küche bis heute in der Frische und Qualität ihrer Zutaten besteht. Reb- und Sumpfhühner, Fasane aus dem Moorland, Hirsch und andere Wildspezialitäten genießen einen grenzüberschreitenden Ruf. Auf den Weiden grasen Schafe und saftige Angus-Rinder, die in den Feinschmeckerrestaurants aber auch in einfachen Pubs den Mittelpunkt delikater Fleischgerichte bilden. Berühmt ist auch der Wildlachs – gegrillt oder gedünstet –, ebenso der Fisch aus den Meeren, der oft mit einer traditionellen Highland-Sauce aus Anchovis, Rotwein und Essig, Meerrettich, Zwiebeln und Muskat serviert wird. Die zahlreichen Fischrestaurants an den Küsten bieten fangfrische Meeresfrüchte wie Krabben, Muscheln, Austern und Hummer an. Einige der traditionellen Gerichte werden mit Whisky zubereitet, eine kleine Auswahl haben wir zum Nachkochen im folgenden Abschnitt zusammengestellt.

»Auld Reekie« Cock-a-Leekie Soup

Auld Reekie bedeutet »Die alte Verräucherte« und ist der Spitzname für die Hauptstadt Edinburgh. Die traditionelle Suppe wird zu Feierlichkeiten serviert, mit Geflügel und Backpflaumen gekocht und in diesem Rezept mit Whisky verfeinert.

Zutaten (4 Personen):

1,5 kg Suppenhuhn
3 Scheiben Schinkenspeck
500 g Rinderhaxe
1 kg Lauch
1 große Zwiebel
150 ml Whisky
2 l Wasser
1 TL brauner Zucker
1 gestrichener TL getrockneter Estragon
Salz und Pfeffer
8 Backpflaumen

Whisky, Estragon und Zucker im Wasser vermischen. Schinkenspeck klein schneiden, mit Huhn und Rinderhaxe in eine große Schüssel geben und mit der Whiskymarinade übergießen. Über Nacht ziehen lassen.

Lauch in Ringe schneiden, dabei eine Lauchstange für später aufheben. Den Inhalt der Schüssel in einen großen Topf geben, Lauch und Zwiebel hinzufügen und mit Salz und Pfeffer würzen.

Zwei Stunden köcheln lassen und evtl. Schaum abschöpfen. Huhn und Haxe entnehmen und Haut und Knochen entfernen. Geschnittenes Fleisch mit den Backpflaumen und der letzten, in Ringe geschnittenen Stange Lauch wieder in den Topf geben und weitere 10–15 Min. köcheln lassen.

Whisky-Mac Prawns

Whisky mit grünem Ingwerwein ist als Whisky-Mac bekannt und wird als Cocktail getrunken. Einem Krabbencocktail kann diese Kombination einen aufregenden Pepp verleihen.

Zutaten:

60 ml Whisky (üblicherweise ein Blend)
60 ml grüner Ingwerwein
1 TL Honig
2 reife Avocados
250 g Krabben
1 daumennagelgroßes Stück frischer Ingwer
Salatblätter, Zitronenscheiben, ganze Krabben zum Garnieren

Whisky, Ingwerwein, Honig und gehackten Ingwer mischen. Avocados schälen, Stein entfernen und in mundgerechte Stücke schneiden. Avocadostücke und Krabben für eine halbe Stunde in der Whiskymischung ziehen lassen. Auf dem Salatblatt anrichten und garnieren.

Lachsforelle in Whiskymarinade

Zutaten (4 Personen):

1 Lachsforelle
2 EL grobes Meersalz
1 EL brauner Zucker
1 TL frisch geriebener schwarzer Pfeffer
1 Bund Dill
1 cl Single Malt (gerne rauchig)

Die Lachsforelle filetieren, aber die Haut belassen. Das Meersalz, den Zucker und den Pfeffer vermischen, den Dill hacken. Die Forellenfilets mit der Haut nach unten auf ein Stück Klarsichtfolie legen, jeweils mit der Hälfte der Gewürzmischung bestreuen, anschließend mit Dill bestreuen. Den Whisky über beide Fischhälften verteilen und sie dann zusammenklappen. In Klarsichtfolie einwickeln, mit einem flachen Gegenstand abdecken und beschweren. Im Kühlschrank 3 Tage ziehen lassen, dabei den Fisch einmal täglich wenden. Am Serviertag den Fisch ca. 5 Min. in Butter anbraten und mit Beilagen servieren. Variieren Sie den Single Malt – Sie werden sehen: Der Whisky macht den Unterschied!

Cranachan

Traditionell schottisches Dessert, das auch als Crowdie Cream bekannt ist, weil früher statt Sahne oft Crowdie, ein schottischer Käse, benutzt wurde.

Zutaten (4 Personen):

300 g Himbeeren
280 ml Crème double
2 EL Honig
3 EL Single Malt
4 TL Haferflocken
Butter

Die Haferflocken mit etwas Butter golden braten. Die Sahne in einer Schüssel steif und cremig schlagen. Währenddessen Honig und Whisky hinzugeben. Anschließend die Himbeeren und die Haferflocken unterheben. In Gläser füllen und mit den restlichen Himbeeren und Haferflocken dekorieren.

Drunken Crumble

Crumbles (Krümel) sind beliebte Streuseldesserts, die mit Äpfeln oder Rhabarber und Vanillesauce warm gegessen werden. Mit einem *wee nip* (Schottisch für »kleiner Kniff«) wird es zum besonderen Vergnügen.

Zutaten (4 Personen):

Füllung:
750 g Rhabarber oder Äpfel
150 ml Whisky
120 g brauner Zucker
1 TL Piment (Nelkenpfeffer)
geriebene Zitronen- und Orangenschale
Streusel:
180 g Mehl
90 g Butter
90 g Zucker
1 TL Koriander
1 TL Piment
geriebene Orangen- und Zitronenschale

Rhabarber waschen, in Stücke schneiden und in eine Auflaufform geben. Die anderen Zutaten für die Füllung vermengen und über den Rhabarber geben.
Das Mehl in eine Schüssel sieben, die anderen Zutaten für die Streusel hinzugeben und mit der Butter kneten, bis feine Streusel entstehen. Diese über den Rhabarber verteilen. Alles im vorgeheizten Ofen für 30 Min. auf 200 °C goldbraun backen. Der süße Auflauf kann mit Vanillesauce oder Eiscreme serviert werden.

Clootie Dumpling

Dieser süße Kloß wurde traditionell in einem Tuch gekocht, daher auch der Name (*cloth* heißt »Tuch«). Früher war die Klöße besonders im Winter beliebt, doch durch die zahlreichen Variationen über die Jahrhunderte hinweg gibt es für jeden Geschmack und alle Jahreszeiten ein passendes Rezept.

Zutaten:

120 g weiche Butter
240 g Mehl
120 g Haferflocken
90 g Zucker
1 gehäufter TL Backpulver
240 g Rosinen
100 ml Whisky
1 gehäufter TL Zimt & passende gemischte Gewürze (Nelken, Ingwer u.ä.)
1 TL heller Sirup
2 Eier (geschlagen)
4 EL Buttermilch

Die Rosinen einen Tag vorher im Whisky einweichen. Am Backtag das Backpulver unter das Mehl mischen und die Butter/ Margarine hinzufügen. Alle anderen trockenen Zutaten hinzufügen und mit einem Holzlöffeln verrühren. Formen Sie eine Kuhle in der Mitte und fügen Sie Sirup und Eier hinzu. Gut vermengen und mit der Buttermilch zu einem weichen Teig kneten. Früher wurden übrigens klei-

ne Münzen eingebacken, die zu finden Glück bringen sollte. Im Folgenden haben Sie die Wahl zwischen zwei Varianten:

(1) Kochen im Tuch: Ziehen Sie das Leinentuch vor Gebrauch durch kochendes Wasser und wälzen Sie es danach in Mehl. Lassen Sie dem Teig genügend Platz zum Aufgehen und verknoten Sie die Enden. Stellen Sie eine Untertasse auf den Boden des Topfes und platzieren Sie darauf den Kloß. Bedecken Sie ihn mit kochendem Wasser und lassen ihn 2–3 Std. kochen.

(2) Kochen im Dampfkochtopf: Füllen Sie den Teig in eine eingefettete Form und lassen ihm ca. 3 cm Platz zum Aufgehen. Schließen Sie die Form mit einer leicht gefetteten Folie und füllen Sie den Dampfkochtopf zu zwei Dritteln mit kochendem Wasser. 3 Std. kochen lassen. Nehmen Sie den Dumpling aus der Form/dem Tuch und servieren Sie ihn entweder warm mit Vanillesauce oder kalt mit Schlagsahne.

Whisky-Schokoladen-Gâteau

Ein vollmundiger Schokoladenkuchen, der sich besonders zu Weihnachten oder an Hogmanay (Neujahr) großer Beliebtheit erfreut.

Zutaten:

360 g Schokolade
180 g Butter
180 g Zucker
3 Eier (getrennt)
3 Tropfen Angosturabitter
3 TL Whisky
12–16 Löffelbiskuit
1 EL Wasser
250 ml Schlagsahne (steif geschlagen)

Den Rand einer 20-cm-Springform mit Löffelbiskuit ausfüllen: Stellen Sie sie wie Zaunpfähle auf. Die Schokolade schmelzen und das Wasser hinzufügen. Butter und Zucker cremig schlagen, dann Eigelb, Angosturabitter und Whisky untermengen. Fügen Sie dann auch die geschmolzene Schokolade hinzu. Eiweiß steifschlagen und unterheben. Die Masse in die Springform füllen und über Nacht abkühlen lassen. Entfernen Sie die Form und füllen Sie die Mitte mit Sahne auf.

Whisky Sour

Der Klassiker unter den Cocktails!
Erfrischend und schmackhaft.

Zutaten (1 Person):
5 cl Whisky
3 cl Zitronensaft
2 cl Sirup (Zuckersirup)
3 Eiswürfel
1 Zitronen- oder Orangenscheibe

Alle Zutaten bis auf die Zitronen- bzw. Orangenscheibe in einen Cocktailshaker geben und gut durchschütteln. Den Inhalt des Shakers in ein Glas geben. Mit einer Orangen- oder Zitronenscheibe garnieren.

Hot Toddy

Traditionelles Heißgetränk, getrunken vor dem Zu-Bett-Gehen und bei kaltem Wetter. In Schottland und Irland glaubt man, damit Erkältungen kurieren zu können.

Zutaten (1 Person):

1 TL Honig
1/2 Zitrone
4 cl Whisky
1 Nelke, ein kleines Stück Zimtstange
heißes Wasser

Den Honig in einer Tasse mit etwas heißem Wasser auflösen. Whisky hinzugeben und mit kochendem Wasser auffüllen. Zimt und Nelken hinzugeben und 5 Min. ziehen lassen. Mit dem Saft der frisch gepressten Zitrone abrunden.

GLOSSAR

angels' share – »Anteil der Engel« (manchmal auch *angels' dram*); Verdunstung des Destillats während der Fassreifung durch die Poren des Holzes (ca. 2,5 Prozent des Alkohols)

aqua vitae – lat. für »Wasser des Lebens«, auch als Bezeichnung für Whisky verwendet

barley – engl. für »Gerste«, das Ausgangsprodukt von Malt-Whiskys; in Schottland wird nur Gerste für die Whiskyproduktion verwendet, während man in Amerika auch Roggen und Mais benutzt

barrel – Fass mit einem Fassungsvermögen von 173–191 Litern

Blend, Blended Whisky – aus Getreidewhisky und mehreren Single Malts verschnittener Whisky; Blends können bis zu 70 verschiedene Single Malts enthalten

Bourbon – amerikanischer Whisky, der aus mindestens 51 Prozent Mais hergestellt wurde

butt – Fass mit einem Fassungsvermögen von 500 Litern

cask – Eichenfass

cask strength – Fassstärke, Whiskyabfüllung direkt aus dem Fass ohne Zugabe von Wasser

chill filtering – Kühlfilterung, kosmetische Operation, um die Öle herauszufiltern

Coffey still – auch *continuous still* oder *column still*; röhrenförmiger Destillationsapparat für einen kontinuierlichen Brennvorgang, bei dem sowohl gemälzte als auch ungemälzte Getreidesorten vermischt werden und so in einem relativ billigen und schnellen Verfahren »Industriewhiskys« produziert werden

colouring – Färbung der Whiskys mit Zuckerkulör zur Vereinheitlichung; gemäß EU-Richtlinien muss der verwendete Farbstoff auf der Verpackung deklariert werden

Darren – Trocknung der Gerste nach dem Keimen; die im Wasser eingeweichte und für mehrere Tage gekeimte Gerste wird in einem Ofen, einem sogenannten Kiln (bzw. Darre), getrocknet bzw. gedarrt

double wood – Verwendung von zwei verschiedenen Fassarten bei der Reifung von Whisky, auch *finish* genannt

draff – Getreiderückstände, die im Maischebottich zurückbleiben, nachdem die Würze *(wort)* abgezogen ist; wird oft zu Tierfutter weiterverarbeitet

Dram – schottisches Trinkmaß ohne festgelegte Menge

feint – Nachlauf der Destillation, der nicht verwendet und wieder zurück in die Brennblasen geleitet wird

Fermentation – Gärung einer zuckerhaltigen Lösung wie Malz zu Alkohol, wodurch die Maische entsteht

finishing – die Lagerung von Whiskys in mehr als einem Fass; einige Destillerien weisen auf dem Etikett mit dem Zusatz »Finish« auf die Herkunft der zur Lagerung benutzten Fässer hin (»Port Wood Finish« bedeutet z.B., dass der Whisky in ausgedienten Portweinfässern gelagert wurde)

first fill casks – erstbefülltes Fass

Grain Whisky – industriell hergestellter Getreidewhisky

grist – gemahlenes Malz

hogshead – Fass mit einem Fassungsvermögen von 250–305 Litern

independent bottlers – unabhängige Abfüller, die Fässer aufkaufen, lagern und unter eigenem Label abfüllen

Kiln – Ofen mit Pagodendach, in dem die keimende Gerste mit heißer Luft bzw. Torffeuer getrocknet wird; die meisten Brennereien produzieren das Malz nicht mehr selbst.

low wine – Destillat, das beim ersten Brennvorgang entsteht; gewöhnlich 25–30 Prozent Alkoholgehalt

Küferei – Handwerksbetrieb, in dem Fässer repariert, neu gefertigt oder aus gebrauchtem Fassmaterial neu zusammengesetzt werden

malt – engl. für »gemälzte Gerste«

malting, malt floor – Malzhaus, in dem die Gerste zur Keimung gebracht und getrocknet wird, wodurch das Malz für die Alkoholherstellung entsteht

mash tun – Maischebottich, in dem die gemälzte Gerste mit heißem Wasser vermischt wird

new make – das frische Destillat; gewöhnlich 70–80 Prozent Alkoholgehalt

non-chill filtered – ungefilterter Whisky; aufgrund der natürliche Öle kann der Whisky nach der Zugabe von Wasser etwas flockig werden

Pagodendach – Standardausstattung des Kilns, also des Ofens; das Pagodendach verhindert, dass Feuchtigkeit durch den Schornstein auf das trocknende Malz tropft

parts per million – Abkürzung: ppm; Einheit zur Angabe des Phenolgehalts, also der Rauchigkeit des Whiskys

peat – engl. für »Torf«; mit Torf wird die gemälzte Gerste getrocknet; Torffeuer erzeugen einen starken beißenden Rauch, der die Gerste aromatisiert

pot still – Kupferbrennblase, in der eine diskontinuierliche oder Blasendestillation, in zwei oder mehrere Destillationsvorgänge stattfindet

quaich – gälisch für »Kelch«, ein flaches, schalenförmiges Trinkgefäß aus Silber oder Holz. Diese hatten 2 Griffe und konnten herumgereicht werden

refill – Fässer, in denen bereits Whisky gelagert wurde und die wiederbefüllt werden; je öfter ein Fass wiederbefüllt wird, desto geringer wird der Einfluss des Holzes auf den Whisky

Scotch – in Schottland destillierter und für mindestens drei Jahre auf schottischem Boden gereifter Whisky

single cask whisky – Whisky aus einem Einzelfass ohne Vermählung mehrerer Fässer; die Qualität von Single-cask-Whisky ist bei jeder Flasche anders

Single Malt – Whisky aus einer einzigen Brennerei

Sláinte mhath – gälisches Prosit für »Auf die Gesundheit«

spirit safe – verplombtes und mit Messgeräten, Hebeln und Trichtern ausgestatteter Glaskasten, durch den der destillierte Alkohol fließt und vom Brennmeister (*stillman*) geprüft werden kann. Der Kasten ist verschlossen, um keinen unversteuerten Alkohol entnehmen zu können

spirit still – zweite Brennblase im Destillationsvorgang, in der das endgültige Produkt mit ca. 70 Prozent Alkoholgehalt erzeugt wird

Stillhouse – Gebäude, in dem die Destillation stattfindet

Stieker – Stecheisen, mit dem traditionell der Torf gestochen wird

Tasting – Verkostung von Whiskys

Vatted Malt – Verschnitt aus Single Malts unterschiedlicher Destillerien, auch »Pure Malt« genannt

Vintage Whisky – Jahrgangswhisky; die verwendeten Whiskys stammen aus dem bezeichneten Jahrgang

uisge beatha – gälisch für »Wasser des Lebens«

Warehouse – Lagerhaus, in dem die Whiskyfässer reifen; meist kühl und feucht, um die Verdunstung gering zu halten

wort – Maische, eine zuckerhaltige Lösung

wash – ein Gärprodukt mit 5–10 Prozent Alkoholanteil, das Bier ähnelt und bei dem durch Fermentation Zucker in Alkohol umgewandelt wurde

washback – Gärbottiche aus Holz oder Edelstahl, in denen ein Gemisch aus Maische und Hefe einige Tage vergoren wird

yeast – Destillierhefe, die zur Gärung verwendet wird

Katja Wündrich lebt in Schottland, direkt an der Quelle von *uisge-beatha*. Hier arbeitet sie als Autorin und Reiseleiterin. 2007 hat sie zusammen mit anderen Whiskyliebhabern die Reiseagentur Wind & Cloud Travel gegründet.

Seonaidh Adams ist Gälisch-Lehrer und glühender Verehrer des größten gälischen Kulturgutes: Scotch Whisky. Er ist journalistisch für verschiedene Zeitungen tätig und bloggt regelmäßig über Zeitgeschehen und seine Lieblinge – Lagavulin und Laphroaig, Springbank, Inchgower und Mortlach (macnabracha.blogspot.co.uk).

FÜR WHISKY-FANS UND SCHWEIZREISENDE

Whisky Trails
Ein Reisehandbuch für die Schweiz

Berge, Käse, Uhren und Schokolade – doch die Schweiz hat mehr zu bieten.

Seit einer Gesetzesänderung im Jahr 1999 dürfen die Eidgenossen in ihren Brennereien Getreide verarbeiten und somit endlich auch Whisky herstellen. Die saubere Luft, das gute Wasser, das einzigartige Klima und die Lagen, die um einiges höher sind als in Schottland lassen einen ganz speziellen Geschmack entstehen, der sich inzwischen anschickt, internationale Märkte zu erobern.

Neben umfangreichen Informationen über die Herstellung des Schweizer Whiskys und Tipps, wie man Brennereien besuchen kann, empfehlen die Autoren auch Bars, Läden und Veranstaltungen rund um das Thema Whisky.

Edition Reiseratte
Taschenbuch
ISBN 978-3-945309-08-7

reiseratte

leichter und frischer. Die italienische Flagge verweist auf die Popularität des Whiskys in Italien und die Besitzverhältnisse: 1840 wurde die Brennerei von den Brüdern John und James Grant gebaut, befindet sich aber seit 2006 in der Hand der Firma Campari. Im Café werden Scones und Pancakes serviert.

Führungen:	£ 3.50
April-Okt.:	tgl. 9:30-16 Uhr
Nov.-März:	Mo-Sa 9:30-16 Uhr, So 12-16 Uhr

Connaisseurs Tour:	£ 50
ganzjährig	tgl. 10 Uhr

(4 Drams & 1 Dram aus dem Whisky Safe eines 25-jährigen Glen Grant im Garten, mind. 10 Personen, Anmeldung notwendig)

Aberlour

TIPP

Aberlour AB38 9PJ
Tel. +44 (0) 1340 88 12 49
www.aberlour.com

Glanzstücke der Unterhaltung! Die regulären Führungen dauern durchschnittlich zwei Stunden, ufern aber gerne einmal aus. Zweimal am Tag führt das wortgewandte Personal persönlich und mit Witz durch die eher unscheinbare Brennerei des französischen Unternehmens Pernod Ricard, das sich 1975 hier einkaufte. Jeder Rundgang enthält eine intensive Verkostung von Maische, Bierwürze und purem Destillat und endet im Warehouse No. 1, wo die sechs klassi-